일본유학시험(EJU)

모의시험 10 회분

수학코스2

일본유학시험 문제를 철저분석

본시험 경향에 맞춘 코치학원 오리지널 문제

권말에 자기분석시트, 학습달성표, 공식모음을 수록

 글로벌 인재육성. 1984년설립

(주)해외교육사업단

머 리 말

일본유학시험(EJU)는 일본의 대학에 입학을 희망하는 유학생을 대상으로 대학 등에서 필요로 하는 일본어능력 및 각 과목의 기초학력 평가를 목적으로 하는 시험으로, 연 2회 실시되고 있습니다.

일본유학시험에서는 본사가 교육현장에서 사용하고 있는 「일본유학시험 표준교과서」등에서 학습하는 기초적인 지식 뿐만 아니라, 종합적인 고찰력·사고력이 필요합니다. 또한, 한정된 시간 내에 신속히 정답을 찾아내는 독해력·판단력도 요구되며, 마크시트 형식이라는 독특한 해답 형식에 익숙해질 필요도 있습니다. 이와 같은 일본유학시험에서 고득점을 얻기 위해서는, 같은 형식의 양질의 문제에 많이 접하는 것이 효과적입니다.

본 책은 위와 같은 내용에 근거하여 과거에 출제된 문제를 철저하게 연구·분석하여 제작된 모의시험입니다. 형식·내용·레벨에 있어 실제 시험에 가까운 문제가 10회분 수록되어 있으며 실전과 같은 시험에 여러 번 도전할 수 있도록 되어 있습니다. 본 책을 활용함으로써 학력 향상과 더불어, 확고한 자신감을 얻을 수 있게 될 것입니다.

저희 코치학원에서는 각 교과의 교재전문 스태프가 매일 교과 내용을 연구·분석하여 일본의 대학 진학을 희망하고 있는 외국인 수험생 여러분에게 도움이 되는 교재를 개발하고 있습니다.

이 「모의시험 시리즈」및 코치학원 발행의 자매도서를 철저하게 학습하여, 여러분이 꿈꾸는 미래가 펼쳐지고 많은 활약을 할 수 있기를 바라겠습니다.

한국에서 일본유학을 준비하는 여러분에게 이용의 편리함을 제공하기 위해 해외교육사업단에서 한국판을 발행하게 되었습니다.

2017년 10월

코치학원

본 책에 대하여

■일본유학시험(EJU)「수학 코스2」에 대하여

일본유학시험은 연 2회, 6월과 11월에 실시되며, 출제과목은 「일본어」, 「이과」(물리 화학 생물), 「종합과목」및 「수학」입니다. 「수학」은 「수학 코스1」(문과계 학부 및 수학을 필요로 하는 과정이 비교적 적은 이과계 학부용), 「수학 코스2」(수학을 고도로 필요로 하는 학부용)로 구분되며, 각자 지망하는 대학의 학부 학과에서 지정하는 바에 따라, 둘 중에 하나를 선택하도록 되어 있습니다.

「수학 코스2」의 문제 수는 전체 6문제로 시험시간은 80분, 해답방식은 마크시트방식이며 문제 상에 나오는 기호나 용어는, 일본의 고등학교 수학과용 검정교과서에 준하고 있습니다.

각 문제는 아래의 출제범위 내에서 출제되고 있습니다.

1. 수와 식	6. 도형의 성질	11. 미분·적분의 사고	16. 극한
2. 2차함수	7. 여러가지 식	12. 수열	17. 미분법
3. 도형과 계량	8. 도형과 방정식	13. 벡터	18. 적분법
4. 경우의 수와 확률	9. 지수함수·대수함수	14. 복소수평면	
5. 정수의 성질	10. 삼각함수	15. 평면상의 곡선	

■본 책에 대하여

유학생을 위한 진학예비교인 코치학원은 오랜 기간에 걸쳐 지금까지의 일본유학시험에 출제된 문제를 분석하여 유학생 여러분이 어떻게 학습하면 시험에 대응할 수 있는 실천력, 실력을 쌓을 수 있는지를 연구해 왔습니다. 본 책은 그 성과를 담아 일본유학시험의 출제 경향에 대응하는 모의시험문제 10회분과 해답, 부록을 수록한 문제집입니다.

시험대책에는 출제 경향에 맞는 우수한 문제를 많이 풀어 실력을 기르고, 출제 경향이나 패턴을 파악하는 것이 중요합니다. 본 책 10회분의 모의시험은 일본유학시험 「수학 코스2」의 구성, 문제 수, 출제형식, 난이도에 맞춰 제작하고 있습니다. 일본유학시험 「수학 코스2」는 「미분법」 「적분법」 문제가 많이 출제되는 경향을 보입니다. 본 책도 출제 비율에 맞춰 문제를 수록하였습니다. 또, 신 경향인 「복소수평면」에 관한 문제도 수록되어 있습니다.

해답 페이지에는 각 문제의 난이도, 출제 테마가 수록되어 있습니다. 현재 학습상황을 파악하는 지표로써 활용해 보세요.

부록에는 「자기분석시트」「학습달성표」「공식모음」「해답용지」를 수록하고 있습니다. 자기분석시트는 출제분야마다 정답률을 원 그래프로 파악하여 분석할 수 있는 시트입니다. 「자기분석시트 사용법」(p. 172)에 표시된 방법에 따라서 정답 수를 집계해 주세요. 학습달성표는 각 회의 정답률에서 객관적으로 달성도, 성장도를 파악할 수 있는 시트입니다. 「자기분석시트(총정리)」(p. 178)에서 산출한 정답률을 기입해 보세요. 공식모음에는 「수학 코스2」의 출제 경향을 감안하여 선별한 중요한 공식이 정리되어 있으므로 복습 등에 활용해 주세요. 「해답용지」는 일본유학시험에서 사용하는 마크시트입니다. 적극적으로 활용하여 기입방법에 적응해 두세요.

■ 해답용지와 마크시트 기입 상의 주의점

일본유학시험 「수학 코스2」의 해답용지는 답의 마크부분을 연필로 칠하는 마크시트 형식입니다. 마크상태가 흐리면 채점되지 않기 때문에, 반드시 HB연필을 사용하여 확실히 칠하고, 정정하는 경우에는 그 마크를 지우개로 깨끗하게 지워주십시오. 정해진 부분 이외에는 기입하지 않도록 하며, 마크시트를 더럽히지 않도록 주의하십시오. 그리고 「수학 코스2」의 해답에서는 아래의 내용에 대해서도 주의할 필요가 있습니다.

1. 문제내용 중에서 A, B, C, …에는 각각-또는 0~9까지의 수가 하나씩 들어갑니다.

2. 선택지의 해답방법

(예) 다음 내용 중에서 $\boxed{P}$ 에 대하여, 아래의 ①~③ 중에서 적합한 것을 고르시오.

x를 실수로 할 때, $x = 3$은 $x^2 = 3x$이기 위한 $\boxed{P}$.

⓪ 필요충분조건이다

① 필요조건이지만 충분조건은 아니다

② 충분조건이지만 필요조건은 아니다

③ 필요조건도 충분조건도 아니다

위의 경우, ②를 마크합니다.

3. 수학식의 해답방법

(1) 근호($\sqrt{}$)를 포함하는 형태로 해답하는 경우, 근호 안에 나타내는 자연수가 최소가 되는 형태로 답합니다.

(예) $\sqrt{32}$ 일 때에는 $4\sqrt{2}$ 라고 답합니다. $2\sqrt{8}$은 틀립니다.

(2) 분수로 해답할 경우, 분수의 부호는 분자를 붙여, 분모·분자는 기약분수의 형태로 답합니다.

(예) $-\dfrac{15}{\sqrt{10}}$일 때에는, $-\dfrac{15\sqrt{10}}{10}$로 유리화한 후, 약분하여 $\dfrac{-3\sqrt{10}}{2}$로 답합니다.

(3) 문자계수가 1, -1일 경우, 해답에는 1을 포함하는 형태로 답합니다.

(예) $y = \boxed{AB}\,x^2$에 $y = -x^2$라 답하고 싶을 때에는 $y = \boxed{-1}\,x^2$이라고 답합니다.

위의 경우, A는 $\boxed{-}$, B는 ①을 마크합니다.

■본 책의 사용법

본 책 10회 분의 모의시험 문제와 부록은 일본유학시험에 필요한 실력이 효과적으로 향상되도록 학습하는 데에 적합합니다.

시험대책으로는 일본유학시험의 형식에 익숙해지는 것이 중요합니다. 시험 경향에 따른 모의시험으로 일본유학시험과 같은 시간, 같은 해답용지, 필기구를 사용하여 몰두해 봅시다. 해답 후에는 채점 결과를 분석하여 자신의 약점 분야나 부족한 지식을 파악하여 주십시오. 미숙한 분야나 약점을 중점적으로 복습하여 앞으로의 공부에 활용함으로써 보다 효과적으로 성적을 올릴 수 있습니다.

위와 같은 흐름에 따라 본 책의 모의시험을 반복하여 풀어가면서 기초 능력에 추가하여 종합적인 고찰력이나 사고력, 한정된 시간에서 해답할 수 있는 독해력이나 판단력 등, 일본유학시험에 필요한 실력이 자연스럽게 향상됩니다

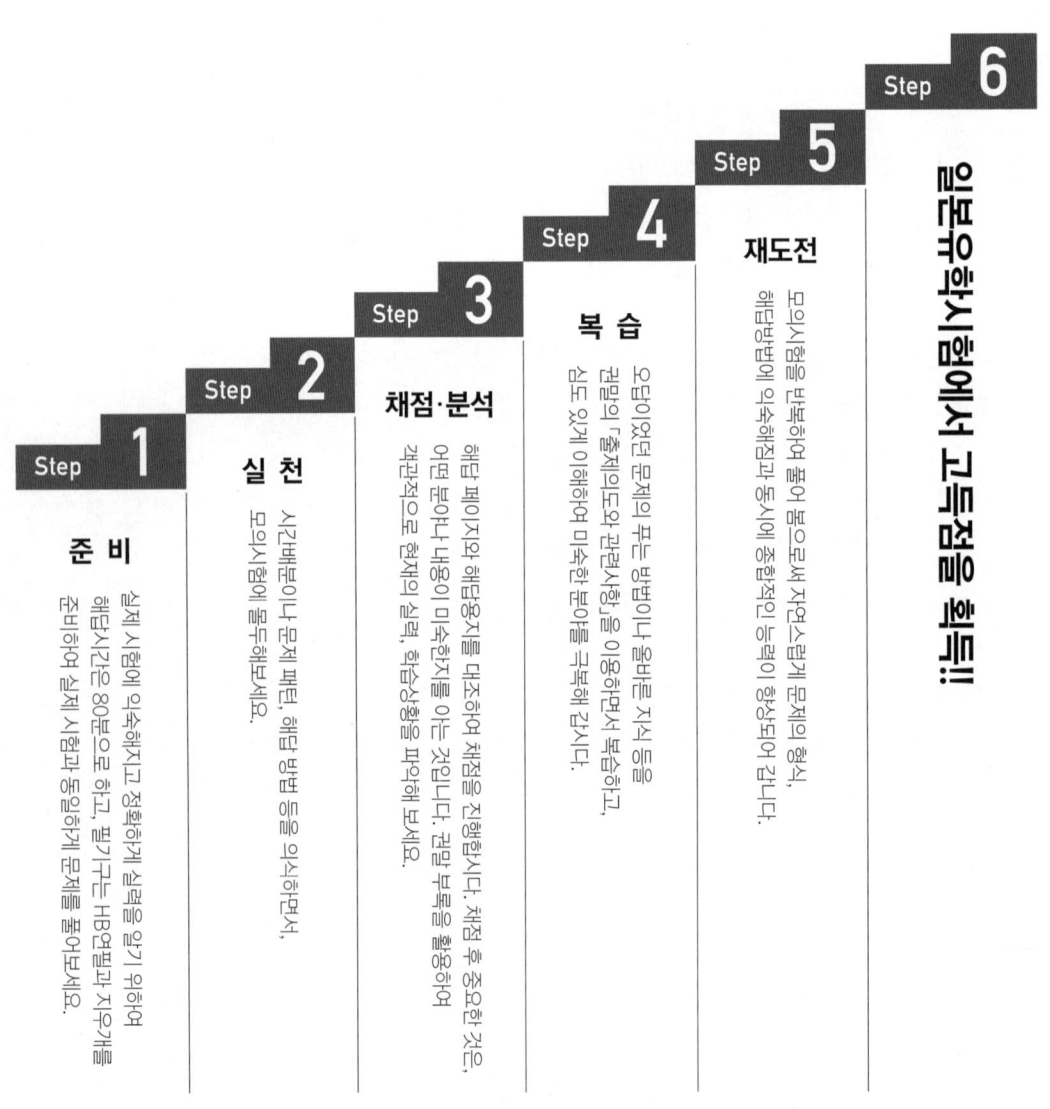

Step 1 준비
실제 시험에 익숙해지고 정확하게 실력을 알기 위하여 해답시간은 80분으로 하고, 필기구는 HB연필과 지우개를 준비하여 실제 시험과 동일하게 문제를 풀어보세요.

Step 2 실천
시간배분이나 문제 패턴, 해답 방법 등을 의식하면서 모의시험에 몰두해보세요.

Step 3 채점·분석
해답 북이지와 해답용지를 대조하여 채점을 진행합시다. 어떤 분야나 내용이 미숙한지를 아는 것입니다. 객관적으로 현재의 실력, 학습상황을 파악해 보세요.

Step 4 복습
오답이었던 문제나 푸는 방법이나 몰랐던 지식 등을 견문의「출제의도와 관련사항」을 이용하면서 복습하고, 심도 있게 이해하여 미숙한 분야를 극복해 갑시다.

Step 5 재도전
모의시험을 반복하여 풀어 봄으로써 자연스럽게 문제의 형식, 해답방법에 익숙해짐과 동시에 종합적인 능력이 향상되어 갑니다.

Step 6 일본유학시험에서 고득점을 획득!!

목　차

第 ① 回　模擬試験

解答時間：80分

1

I

問1 a，bは実数であり，2次関数$f(x) = -x^2 + ax + b$のグラフが$(-2, 1)$を通る。また，$-3 \leqq x \leqq 3$の範囲における最大値Mと最小値mを考える。

(1) bをaで表すと，

$$b = \boxed{A}a + \boxed{B}$$

である。

(2) 次の2つの場合に分けて，M，mを求める。

    (ⅰ) $a \geqq \boxed{C}$のとき，

        $x = 3$で，$M = \boxed{D}a - \boxed{E}$

        $x = -3$で，$m = -\boxed{F}a - \boxed{G}$

    (ⅱ) $a \leqq \boxed{HI}$のとき，

        $x = -3$で，$M = -\boxed{F}a - \boxed{G}$

        $x = 3$で，$m = \boxed{D}a - \boxed{E}$

(3) $\boxed{HI} < a < \boxed{C}$の範囲において，$x = 2$で最大値をとるとき，

$$a = \boxed{J}, \quad b = \boxed{KL}$$

$$M = \boxed{MN}, \quad m = -\boxed{O}$$

である。

— 計算欄 (memo) —

第 1 回　模擬試験　　**11**

問 2 円周上に等間隔に 12 個の点 A〜L がある。

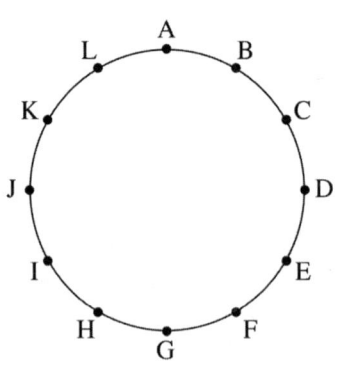

(1) これらのうちの 3 個の点を結んで三角形をつくるとき，

正三角形は全部で $\boxed{\text{P}}$ 個

直角三角形は全部で $\boxed{\text{QR}}$ 個

二等辺三角形は全部で $\boxed{\text{ST}}$ 個

ある。

(2) これらのうちの 4 個の点を結んで四角形をつくるとき，

四角形は全部で $\boxed{\text{UVW}}$ 個

長方形は全部で $\boxed{\text{XY}}$ 個

ある。

Ⅰ の問題はこれで終わりです。 Ⅰ の解答欄 **Z** はマークしないでください。

$\boxed{\text{II}}$

問1　$a_1 = 3$，$a_{n+1} = -2a_n + 6$で定義される数列$\{a_n\}$（$n = 1, 2, 3 \cdots\cdots$）を考える。

(1)　$a_2 = \boxed{\text{A}}$，$a_3 = \boxed{\text{B}}$，$a_4 = -\boxed{\text{C}}$である。

(2)　$a_{n+1} = -2a_n + 6$を変形すると，

$$a_{n+1} - \alpha = -2(a_n - \alpha)$$

$$\alpha = \boxed{\text{D}}$$

数列$\{a_n - \alpha\}$は初項$\boxed{\text{E}}$，公比$\boxed{\text{FG}}$の等比数列となり，

$$a_n = \left(\boxed{\text{FG}}\right)^{n-\boxed{\text{H}}} + \boxed{\text{I}}$$

である。

(3)　$\displaystyle\sum_{k=1}^{10} a_k = -\boxed{\text{JKL}}$である。

— 計算欄 (memo) —

問2 関数 $f(x) = (x^2 + ax + b)e^x$ が極値をもつための定数 a, b の条件を考える。

$$f'(x) = \left\{ x^2 + \left(a + \boxed{\text{M}} \right)x + a + b \right\}e^x$$

$$e^x > \boxed{\text{N}}$$

より，$f(x)$ が極値をもつためには，2次方程式

$$x^2 + \left(a + \boxed{\text{M}} \right)x + a + b = 0$$

が $\boxed{\text{O}}$ をもてばよい。

ただし，$\boxed{\text{O}}$ の答えは下の⓪〜②のうちから一つ選びなさい。

⓪ 異なる2つの実数解

① 重解

② 異なる2つの虚数解

これより，a, b の満たすべき条件は

$$a^{\boxed{\text{P}}} + \boxed{\text{Q}} - \boxed{\text{R}}\, b > 0$$

である。

Ⅱ の問題はこれで終わりです。 Ⅱ の解答欄 **S** ～ **Z** はマークしないでください。

原点 O を中心とする半径 1 の円 C の周上を動く動点 P と，2 点 A$(4,0)$ と B$(0,3)$ がある。2 つのベクトル $\overrightarrow{\mathrm{AP}}$，$\overrightarrow{\mathrm{BP}}$ の内積 $\overrightarrow{\mathrm{AP}}\cdot\overrightarrow{\mathrm{BP}}$ の最大値と最小値を求めよう。

P は単位円上を動くから，P$\left(\cos\theta,\ \sin\theta\right)$ として，

$$\overrightarrow{\mathrm{AP}} = \left(\cos\theta - \boxed{\mathbf{A}},\ \sin\theta\right)$$

$$\overrightarrow{\mathrm{BP}} = \left(\cos\theta,\ \sin\theta - \boxed{\mathbf{B}}\right)$$

である。ゆえに，

$$\overrightarrow{\mathrm{AP}}\cdot\overrightarrow{\mathrm{BP}} = -\boxed{\mathbf{C}}\sin(\theta+\alpha) + \boxed{\mathbf{D}}$$

ただし，

$$\sin\alpha = \frac{\boxed{\mathbf{E}}}{\boxed{\mathbf{F}}},\quad \cos\alpha = \frac{\boxed{\mathbf{G}}}{\boxed{\mathbf{H}}}\quad \left(0 < \alpha < \frac{\pi}{2}\right)$$

であるから，

$$\boxed{\mathbf{IJ}} \leqq \overrightarrow{\mathrm{AP}}\cdot\overrightarrow{\mathrm{BP}} \leqq \boxed{\mathbf{K}}$$

を得る。よって，

$$\mathrm{P}\left(-\frac{\boxed{\mathbf{L}}}{\boxed{\mathbf{M}}},\ -\frac{\boxed{\mathbf{N}}}{\boxed{\mathbf{O}}}\right)\ \text{のとき，最大値}\ \boxed{\mathbf{K}}$$

$$\mathrm{P}\left(\frac{\boxed{\mathbf{P}}}{\boxed{\mathbf{Q}}},\ \frac{\boxed{\mathbf{R}}}{\boxed{\mathbf{S}}}\right)\ \text{のとき，最小値}\ \boxed{\mathbf{IJ}}$$

である。

― **計算欄 (memo)** ―

Ⅲ の問題はこれで終わりです。 Ⅲ の解答欄 T ～ Z はマークしないでください。

$\boxed{\text{IV}}$

定積分 $\displaystyle\int_0^\pi \frac{x\sin x}{1+\cos^2 x}dx$ を求めよう。

(1) $x=\tan\theta$ とおくと,

$$\int_{-1}^1 \frac{dx}{1+x^2} \;=\; \int_{-\frac{\pi}{\boxed{A}}}^{\frac{\pi}{\boxed{A}}} d\theta \;=\; \frac{\pi}{\boxed{B}}$$

である。

(2) $\displaystyle I \;=\; \int_0^\pi \frac{x\sin x}{1+\cos^2 x}dx \;=\; \int_0^\pi x\cdot\frac{\sin x}{1+\cos^2 x}dx$

$\pi - x = t$ とおくと,

$$I = \int_\pi^0 (\pi-t)\cdot\frac{\sin(\pi-t)}{1+\cos^2(\pi-t)}(-dt) \;=\; \int_0^\pi (\pi-t)\cdot\frac{\sin t}{1+\cos^2 t}dt$$

よって,

$$I \;=\; \frac{\pi}{\boxed{C}}\int_0^\pi \frac{\sin x}{1+\cos^2 x}dx$$

を得る。$u=\cos x$ とおくと,

$$I \;=\; \frac{\pi}{\boxed{C}}\int_1^{-1}\frac{-du}{1+u^2} \;=\; \frac{\pi}{\boxed{C}}\int_{-1}^1\frac{du}{1+u^2} \;=\; \frac{\pi^{\boxed{D}}}{\boxed{E}}$$

である。

IV の問題はこれで終わりです。IV の解答欄 **F** ～ **Z** はマークしないでください。

コース2の問題はこれですべて終わりです。解答用紙の V はマークしないでください。

解答用紙の解答コース欄に「コース2」が正しくマークしてあるか，

もう一度確かめてください。

第 ② 回　模擬試験

解答時間：80分

2

$\boxed{\text{I}}$

問1 a を整数とする。$\dfrac{3}{a-\sqrt{6}}$ の整数部分を 5，小数部分を b とする。

(1) $a = \boxed{\text{A}}$，$b = \sqrt{\boxed{\text{B}}} - \boxed{\text{C}}$ である。

(2) $b + \dfrac{2}{b} = \boxed{\text{D}}\sqrt{\boxed{\text{E}}}$

$b^2 + \dfrac{4}{b^2} = \boxed{\text{FG}}$

である。

(3) $a^2 - b^2 - 2a - 4b - 3 = \boxed{\text{HI}}$ である。

― **計算欄 (memo)** ―

問2 事象 A，B およびそれらの余事象 $\overline{A}$，$\overline{B}$ に関する次の 3 つの条件(a)，(b)，(c)を考える。

(a) $P(A) = \dfrac{7}{12}$

(b) $P(B) = \dfrac{1}{3}$

(c) $P(A \cap \overline{B}) + P(\overline{A} \cap B) = \dfrac{5}{12}$

(1) $P(\overline{A}) = \dfrac{\boxed{\text{J}}}{\boxed{\text{KL}}}$，$P(\overline{B}) = \dfrac{\boxed{\text{M}}}{\boxed{\text{N}}}$ である。

(2) $P(A \cap B) = \dfrac{\boxed{\text{O}}}{\boxed{\text{P}}}$ である。

(3) 事象 A が起こったときの事象 B が起こる条件付き確率を $P_A(B)$ とすると，

$$P_A(B) = \dfrac{\boxed{\text{Q}}}{\boxed{\text{R}}}$$

$$P_{\overline{A}}(B) = \dfrac{\boxed{\text{S}}}{\boxed{\text{T}}}$$

である。

Ⅰ の問題はこれで終わりです。 Ⅰ の解答欄 **U** 〜 **Z** はマークしないでください。

問1 数列 $\{a_n\}$ を $a_1 = 5$，$a_{n+1} = 2a_n + 3^n$ で定める。

(1) $a_2 = \boxed{\text{AB}}$，$a_3 = \boxed{\text{CD}}$ である。

(2) $b_n = \dfrac{a_n}{2^n}$ とすると，

$$b_{n+1} = b_n + \frac{\boxed{\text{E}}}{\boxed{\text{F}}}\left(\frac{\boxed{\text{G}}}{\boxed{\text{H}}}\right)^n$$

$$b_1 = \frac{\boxed{\text{I}}}{\boxed{\text{J}}}$$

となり，

$$b_n = \left(\frac{\boxed{\text{G}}}{\boxed{\text{H}}}\right)^n + 1$$

を得る。よって，

$$a_n = \boxed{\text{K}}^{\,n} + \boxed{\text{L}}^{\,n}$$

を得る。ただし，$\boxed{\text{K}} < \boxed{\text{L}}$ とする。

― 計算欄 (memo) ―

問 2 複素数平面上で，

$$z_1 = \frac{\sqrt{3}+i}{2}$$

$$z_2 = \frac{1+\sqrt{3}}{2}(1+i)$$

$$z_3 = \frac{1+\sqrt{3}\,i}{2}$$

によって表される点をそれぞれ P_1，P_2，P_3 とする。このとき，三角形 $P_1P_2P_3$ の面積 S を求めよう。

$$z_2 - z_1 = \cos\frac{\pi}{\boxed{\text{M}}} + i\sin\frac{\pi}{\boxed{\text{M}}}$$

$$z_2 - z_3 = \cos\frac{\pi}{\boxed{\text{N}}} + i\sin\frac{\pi}{\boxed{\text{N}}}$$

$$\frac{z_1 - z_2}{z_3 - z_2} = \cos\frac{\pi}{\boxed{\text{O}}} + i\sin\frac{\pi}{\boxed{\text{O}}}$$

$$\left|z_1 - z_2\right| = \left|z_2 - z_3\right| = \boxed{\text{P}}$$

を得る。よって，

$$\angle P_1 P_2 P_3 = \frac{\pi}{\boxed{\text{Q}}}$$

$$S = \frac{\boxed{\text{R}}}{\boxed{\text{S}}}$$

である。

― 計算欄 (memo) ―

Ⅱの問題はこれで終わりです。Ⅱの解答欄 **T** ～ **Z** はマークしないでください。

III

点 O を中心とし，長さ $2r$ の線分 AB を直径とする円の周上を動く点 P がある。
ただし，P は A，B とは異なる点とする。
三角形 ABP の面積を S_1，扇形 OPB の面積を S_2 とする。

(1) 次の問題文中の $\boxed{C}$，$\boxed{D}$，$\boxed{G}$ には，下の⓪〜⑨の中から適するものを選び
なさい。その他の $\boxed{}$ には適する数字を入れなさい。

$\angle \mathrm{PAB} = \theta$ $\left(0 < \theta < \dfrac{\pi}{2} \right)$ とする。このとき，

$$\angle \mathrm{APB} = \frac{\pi}{\boxed{A}}, \quad \angle \mathrm{POB} = \boxed{B}\,\theta$$

$$\mathrm{AP} = \boxed{C}, \quad \mathrm{BP} = \boxed{D}$$

より，

$$S_1 = r^{\boxed{E}} \sin \boxed{F}\,\theta, \quad S_2 = \boxed{G}$$

である。

⓪ $r \sin \theta$	① $r \cos \theta$	② $r \tan \theta$
③ $2r \sin \theta$	④ $2r \cos \theta$	⑤ $2r \tan \theta$
⑥ $r\theta$	⑦ $r^2 \theta$	⑧ $\dfrac{r^2 \theta}{2}$
⑨ $2r\theta$		

(2) P が B に限りなく近づくとき，$\dfrac{S_1}{S_2}$ の極限値は，

$$\lim_{\theta \to 0} \frac{S_1}{S_2} = \boxed{H}$$

である。

Ⅲ の問題はこれで終わりです。 Ⅲ の解答欄 Ｉ ～ Ｚ はマークしないでください。

$\boxed{\text{IV}}$

$a > 1$ とし，$I(a) = \displaystyle\int_0^1 \left| e^x - a \right| dx$ とする。

(1) 次の2つの場合に分けて考える。

    （ⅰ）$e \leqq a$ のとき，$I(a) = -e + a + \boxed{\textbf{A}}$

    （ⅱ）$1 < a < e$ のとき，$I(a) = \boxed{\textbf{B}}\, a \log a - \boxed{\textbf{C}}\, a + e + \boxed{\textbf{D}}$

である。

(2) $I(a)$ は，最小値 $\left(\sqrt{e} - \boxed{\textbf{E}} \right)^{\boxed{\textbf{F}}}$ を $a = e^{\frac{\boxed{\textbf{G}}}{\boxed{\textbf{H}}}}$ でとる。

─ 計算欄 (memo) ─

$\boxed{\text{IV}}$ の問題はこれで終わりです。 $\boxed{\text{IV}}$ の解答欄 $\boxed{\text{I}}$ ～ $\boxed{\text{Z}}$ はマークしないでください。

コース 2 の問題はこれですべて終わりです。解答用紙の $\boxed{\text{V}}$ はマークしないでください。

解答用紙の解答コース欄に「コース 2」が正しくマークしてあるか，

もう一度確かめてください。

第 ③ 回　模擬試験

解答時間：80分

3

I

問1 xについての不等式

$$ax^2 + 2(a-1)x + 5a - 5 \geqq 0 \quad \cdots\cdots ①$$

について考える。

(1) $a = \dfrac{1}{2}$ のとき，不等式①の解は

$$x \leqq \boxed{A} - \sqrt{\boxed{B}}$$

$$\boxed{C} + \sqrt{\boxed{D}} \leqq x$$

である。

(2) 不等式①がすべての実数 x に対して成り立つとき，定数 a の値の範囲は，

$$\boxed{E} \leqq a$$

である。

不等式①がただ1つの実数解をもつとき，

$$a = -\dfrac{\boxed{F}}{\boxed{G}}$$

であり，その解は

$$x = \boxed{HI}$$

である。

― 計算欄 (memo) ―

問2 次の問題文中の $\boxed{\text{J}}$ ～ $\boxed{\text{L}}$ には，下の⓪～③の中から当てはまるものを1つ選び
なさい。ただし，同じものを繰り返し選んでもよい。

(1) 平面上の異なる3点 A，B，C において，条件 p，q を次のように定める。

p：三角形 ABC は直角三角形

q：$AC^2 = AB^2 + BC^2$

このとき，条件 p は条件 q が成り立つための $\boxed{\text{J}}$。

(2) x，y が有理数のとき，条件 p，q を次のように定める。

p：$x^2 + y^2 = 0$

q：$x = y = 0$

このとき，条件 p は条件 q が成り立つための $\boxed{\text{K}}$。

(3) x，y，z が整数のとき，条件 p，q を次のように定める。

p：xyz は奇数

q：$x + y + z$ は奇数

このとき，条件 p は条件 q が成り立つための $\boxed{\text{L}}$。

⓪ 必要十分条件である

① 必要条件であるが，十分条件ではない

② 十分条件であるが，必要条件ではない

③ 必要条件でも十分条件でもない

Ⅱ

問1 実数 x，y が次の 2 つの条件を満たすとする。

（ⅰ） $0 < x \leqq y \leqq 2$

（ⅱ） $\sin \pi x \cos \pi y \leqq \cos \pi x \sin \pi y$

(1) $y - x$ の範囲は $\boxed{\text{A}} \leqq y - x \leqq \boxed{\text{B}}$ である。

(2) $5x - 2y$ の最大値は $\boxed{\text{C}}$

$x - y^2$ の最大値は $\dfrac{\boxed{\text{D}}}{\boxed{\text{E}}}$

である。

— 計算欄 (memo) —

問 2　t は定数であり，関数 $f(x)$ について，次の 2 つの条件を考える。

（ i ）　$f(1) = 7$

（ ii ）　$f(x) = 3x^2 + tx + \displaystyle\int_0^1 f(u)\,du$

(1)　$t = \boxed{\text{FG}}$

　　$\displaystyle\int_0^1 f(x)\,dx = \boxed{\text{H}}$

　である。

(2)　$y = f(x)$ のグラフ上の点 $\big(1,\, f(1)\big)$ における接線の式は

　　$y = \boxed{\text{I}}\, x + \boxed{\text{J}}$

　である。

Ⅱ の問題はこれで終わりです。 Ⅱ の解答欄 **K** ～ **Z** はマークしないでください。

III

k を正の整数とする。数列 $\{a_n\}$ を

$$a_1 = \frac{1}{k^2}, \quad a_2 = \frac{4}{k^2}, \quad a_{n+2} - 2a_{n+1} + a_n = \frac{2}{k^2}$$

と定めるとき，$\displaystyle \lim_{k \to \infty} \frac{1}{k} \sum_{m=1}^{k} a_m$ を求めよう。

(1) $a_3 = \dfrac{\boxed{\text{A}}}{k^2}$ である。

(2) $b_n = a_{n+1} - a_n$ とすると，

$$b_1 = \frac{\boxed{\text{B}}}{k^2}$$

であり，数列 $\{b_n\}$ は公差 $\dfrac{\boxed{\text{C}}}{k^2}$ の等差数列より

$$b_n = \frac{1}{k^2}\left(\boxed{\text{D}}\,n + \boxed{\text{E}}\right)$$

である。

(3) $\displaystyle \lim_{k \to \infty} \frac{1}{k} \sum_{m=1}^{k} a_m = \lim_{k \to \infty} \frac{\left(k + \boxed{\text{F}}\right)\left(2k + \boxed{\text{G}}\right)}{\boxed{\text{H}}\,k^2}$

$$= \frac{\boxed{\text{I}}}{\boxed{\text{J}}}$$

である。

― 計算欄 (memo) ―

$$\boxed{\text{IV}}$$

関数

$$f(x) = e^x$$

を考える。以下では，点 $\mathrm{A}(2, 0)$ から $y = f(x)$ に引いた接線を ℓ とする。

(1)　接線 ℓ の方程式は

$$y = e^{\boxed{\text{A}}}x \; - \; \boxed{\text{B}}\,e^{\boxed{\text{C}}}$$

である。

(2)　$y = f(x)$ のグラフと x 軸，y 軸，および接線 ℓ で囲まれた部分の面積は

$$\frac{\boxed{\text{D}}}{\boxed{\text{E}}}e^{\boxed{\text{F}}} - \boxed{\text{G}}$$

である。

(3)　(2)で求めた部分を x 軸の周りに 1 回転させてできる回転体の体積は

$$\frac{\left(e^{\boxed{\text{H}}} - \boxed{\text{I}}\right)\pi}{\boxed{\text{J}}}$$

である。

― 計算欄 (memo) ―

Ⅳ の問題はこれで終わりです。 Ⅳ の解答欄 **K** ～ **Z** はマークしないでください。

コース 2 の問題はこれですべて終わりです。解答用紙の Ⅴ はマークしないでください。

解答用紙の解答コース欄に「コース 2」が正しくマークしてあるか，

もう一度確かめてください。

第 ④ 回　模擬試験

解答時間：80分

4

$\boxed{\text{I}}$

問1 $x = \dfrac{4}{\sqrt{5}-1}$ とする。

このとき,

$$x^2 = \boxed{\text{A}}\, x + \boxed{\text{B}}$$

$$x^3 = \boxed{\text{C}}\, x + \boxed{\text{D}}$$

である。 $x^4 - 2x^3 - 2x^2 - 4x + p = 0$ を満たす p の値は $\boxed{\text{EF}}$ である。

— 計算欄 (memo) —

問2　コインを投げて表が出たら，数直線上で点 A を正の方向に1動かし，裏が出たら，負の方向に1動かす。はじめの A の座標は原点とする。

(1) コインを2回投げ終えたときに，A の座標が0である確率は $\dfrac{G}{H}$ である。

(2) コインを6回投げるとき，A の座標が一度も負にならない確率は $\dfrac{I}{JK}$ である。

(3) コインを8回投げ終えたときに，A の座標が2である確率は $\dfrac{L}{MN}$ である。

― **計算欄 (memo)** ―

Ⅰの問題はこれで終わりです。Ⅰの解答欄 **O** ～ **Z** はマークしないでください。

II

問1 AB を直径とする半径1の円周上に点 C があり，$\angle \text{CAB} = \dfrac{\pi}{3}$ である。直径 AB に関して C と反対側の円周上に点 D があり，$\angle \text{DAB} = \theta$ とする。ただし，D は A，B には一致しないものとする。三角形 ACD の面積を $S(\theta)$ とするとき，$S(\theta)$ を最大とする θ の値を求めよう。

$$\text{AD} = \boxed{\textbf{A}}\,\cos\theta$$

$$\sin \angle \text{CAD} = \frac{\boxed{\textbf{B}}}{\boxed{\textbf{C}}}\sin\theta + \frac{\sqrt{\boxed{\textbf{D}}}}{\boxed{\textbf{E}}}\cos\theta$$

である。したがって，$S(\theta)$ の値は

$$S(\theta) = \frac{\boxed{\textbf{F}}}{\boxed{\textbf{G}}}\sin 2\theta + \frac{\sqrt{\boxed{\textbf{H}}}}{\boxed{\textbf{I}}}\cos 2\theta + \frac{\sqrt{\boxed{\textbf{J}}}}{\boxed{\textbf{K}}}$$

である。また，

$$S(\theta) = \frac{\boxed{\textbf{L}}}{\boxed{\textbf{M}}}\sin\left(2\theta + \frac{\pi}{\boxed{\textbf{N}}}\right) + \frac{\sqrt{\boxed{\textbf{J}}}}{\boxed{\textbf{K}}}$$

であるから，$S(\theta)$ を最大とする θ の値は $\dfrac{\pi}{\boxed{\textbf{OP}}}$ である。

問 2 $\vec{a} = (-1, 2, 2)$, $\vec{b} = (-1, 0, 1)$, $\vec{c} = \vec{a} + t\vec{b}$ について，$\vec{c}$ と $\vec{a}$ のなす角と $\vec{c}$ と $\vec{b}$ のなす角が等しくなるような t の値を求めよう。

(1) $\left|\vec{a}\right| = \boxed{\textbf{Q}}$, $\left|\vec{b}\right| = \sqrt{\boxed{\textbf{R}}}$

$\vec{a} \cdot \vec{b} = \boxed{\textbf{S}}$

である。

(2) $\vec{a} \cdot \vec{c} = \boxed{\textbf{T}} \, t + \boxed{\textbf{U}}$

$\vec{b} \cdot \vec{c} = \boxed{\textbf{V}} \, t + \boxed{\textbf{W}}$

である。

(3) $\vec{c}$ と $\vec{a}$ のなす角を θ とすると，

$$\vec{a} \cdot \vec{c} = \left|\vec{a}\right|\left|\vec{c}\right|\cos\theta$$

$$\vec{b} \cdot \vec{c} = \left|\vec{b}\right|\left|\vec{c}\right|\cos\theta$$

より，

$$t = \frac{\boxed{\textbf{X}}\sqrt{\boxed{\textbf{Y}}}}{\boxed{\textbf{Z}}}$$

である。

― 計算欄 (memo) ―

Ⅱ の問題はこれで終わりです。

次の問題文中の $\boxed{\text{A}}$ ，$\boxed{\text{B}}$ には，下の⓪～⑤の中から適するものを選びなさい。その他の $\boxed{}$ には適する数字を入れなさい。

楕円 $x^2 + 4y^2 = 4$ の点 $\mathrm{P}(x, y)$ と直線 $x + 2y - 3 = 0$ との距離の最小値を求めよう。

楕円 $x^2 + 4y^2 = 4$ 上の点 P を θ を用いて，

$$x = \boxed{\text{A}}$$

$$y = \boxed{\text{B}} \quad (0 \leqq \theta < 2\pi)$$

⓪ $\quad \sin\theta$ 　　　　　① $\quad \cos\theta$ 　　　　　② $\quad 2\sin\theta$

③ $\quad 2\cos\theta$ 　　　　④ $\quad \dfrac{1}{2}\sin\theta$ 　　　⑤ $\quad \dfrac{1}{2}\cos\theta$

と表すことができる。

よって，点 P と $x + 2y - 3 = 0$ との距離 d は

$$d = \frac{1}{\sqrt{\boxed{\text{C}}}} \left\{ \boxed{\text{D}} - \boxed{\text{E}} \sqrt{\boxed{\text{F}}} \sin\left(\theta + \frac{\pi}{\boxed{\text{G}}} \right) \right\}$$

となり，

$$\theta = \frac{\pi}{\boxed{\text{H}}} \text{ のとき，最小値 } \frac{\boxed{\text{I}}\sqrt{\boxed{\text{J}}} - \boxed{\text{K}}\sqrt{\boxed{\text{LM}}}}{\boxed{\text{N}}} \text{ をとる。}$$

Ⅲ の問題はこれで終わりです。 Ⅲ の解答欄 **O** 〜 **Z** はマークしないでください。

IV

$f(x) = \sqrt{\dfrac{5x+4}{3x+1}}$ とする。このとき，関数 $\big(f \circ f\big)(x)$ の $x=0$ における微分係数を求めよう。

$$f'(x) = \frac{1}{2}\left(\frac{5x+4}{3x+1}\right)^{-\frac{1}{2}}\left\{-\frac{\boxed{\text{A}}}{(3x+1)^2}\right\}$$

$$f(0) = \boxed{\text{B}}$$

$$f'(0) = -\frac{\boxed{\text{C}}}{\boxed{\text{D}}}$$

$$f'(2) = -\frac{\sqrt{\boxed{\text{E}}}}{\boxed{\text{FG}}}$$

関数 $\big(f \circ f\big)(x)$ の $x = x_0$ における微分係数は，$f'\big(f(x_0)\big) \cdot f'(x_0)$ であることから，$x=0$ における微分係数は $\dfrac{\sqrt{\boxed{\text{H}}}}{\boxed{\text{IJ}}}$ である。

IV の問題はこれで終わりです。 IV の解答欄 **K** 〜 **Z** はマークしないでください。

コース 2 の問題はこれですべて終わりです。解答用紙の **V** はマークしないでください。

解答用紙の解答コース欄に「コース 2」が正しくマークしてあるか，

もう一度確かめてください。

第 ⑤ 回　模擬試験

解答時間：80分

5

問1 2つの放物線 $C_1 : y = 2x^2 - 8x + 5$, $C_2 : y = 2x^2 + 4x + 7$ について考える。

(1) C_1 の頂点は点 $\left(\boxed{A} , - \boxed{B} \right)$, C_2 の頂点は点 $\left(- \boxed{C} , \boxed{D} \right)$ である。

(2) 2曲線 C_1, C_2 の交点の座標は $\left(- \dfrac{\boxed{E}}{\boxed{F}} , \dfrac{\boxed{GHI}}{\boxed{JK}} \right)$ である。

(3) C_1 のグラフは C_2 のグラフを x 軸方向に $\boxed{L}$, y 軸方向に $\boxed{MN}$ だけ平行移動したものである。

― 計算欄 (memo) ―

問2 NIHONGO を構成しているアルファベットを並べ替えて文字列をつくる。

(1) 文字列は全部で $\boxed{\textbf{OPQR}}$ 通りである。

(2) N が両端にくる文字列は $\boxed{\textbf{ST}}$ 通りである。

(3) I, H, G がこの順に並ぶ文字列は $\boxed{\textbf{UVW}}$ 通りである。

(4) 母音 (I, O) と子音 (G, H, N) が交互に並ぶ文字列は $\boxed{\textbf{XY}}$ 通りである。

— 計算欄 (memo) —

I の問題はこれで終わりです。 I の解答欄 Z はマークしないでください。

問1　次の問題文中の $\boxed{\text{E}}$ ，$\boxed{\text{F}}$ には，下の ⓪〜③ の中から適するものを選びなさい。

その他の $\boxed{}$ には適する数字を入れなさい。

複素数 z において，$z = 1 - \cos 2\theta - i\sin 2\theta$ の極形式を考える。

ただし，$0 < \theta < \pi$ とする。

$$\cos 2\theta = \boxed{\text{A}} - \boxed{\text{B}}\sin^2\theta$$

$$\sin 2\theta = \boxed{\text{C}}\sin\theta\cos\theta$$

$$-i = \cos\left(-\frac{\pi}{\boxed{\text{D}}}\right) + i\sin\left(-\frac{\pi}{\boxed{\text{D}}}\right)$$

である。したがって，

$$z = 2\sin\theta\left(\boxed{\text{E}}\right)$$

$$= 2\sin\theta\left(\boxed{\text{F}}\right)(-i)$$

$$= 2\sin\theta\left\{\cos\left(\theta - \frac{\pi}{\boxed{\text{G}}}\right) + i\sin\left(\theta - \frac{\pi}{\boxed{\text{G}}}\right)\right\}$$

または

$$z = 2\sin\theta\left\{\cos\left(\theta + \frac{\boxed{\text{H}}}{\boxed{\text{I}}}\pi\right) + i\sin\left(\theta + \frac{\boxed{\text{H}}}{\boxed{\text{I}}}\pi\right)\right\}$$

と極形式で表すことができる。ただし，$0 < \dfrac{\boxed{\text{H}}}{\boxed{\text{I}}}\pi < 2\pi$ とする。

⓪　$\sin\theta + i\cos\theta$　　　　　　① 　$\sin\theta - i\cos\theta$

②　$\cos\theta + i\sin\theta$　　　　　　③ 　$\cos\theta - i\sin\theta$

─ 計算欄 (memo) ─

問 2　三角形 OAB において，$\left|\overrightarrow{OA}\right| = 1$，$\left|\overrightarrow{OB}\right| = 2$，$\left|\overrightarrow{OA} - \overrightarrow{OB}\right| = \dfrac{3\sqrt{2}}{2}$ とする。

このとき，三角形 OAB の面積 S，三角形 OAB の内接円の半径 r，三角形 OAB の外接円の半径 R を求めよう。

(1)　$\overrightarrow{OA} \cdot \overrightarrow{OB} = \dfrac{\boxed{J}}{\boxed{K}}$　である。

(2)　$\overrightarrow{OA}$ と $\overrightarrow{OB}$ のなす角を θ とするとき，

$$\cos\theta = \dfrac{\boxed{L}}{\boxed{M}}$$

$$\sin\theta = \dfrac{\boxed{N}\sqrt{\boxed{O}}}{\boxed{P}}$$

である。

(3)　$S = \dfrac{\boxed{Q}\sqrt{\boxed{R}}}{\boxed{S}}$

$$r = \dfrac{\sqrt{\boxed{T}}\left(\boxed{U} - \sqrt{\boxed{V}}\right)}{4}$$

$$R = \dfrac{\boxed{W}\sqrt{\boxed{XY}}}{\boxed{Z}}$$

である。

― **計算欄 (memo)** ―

Ⅱ の問題はこれで終わりです。

a を実数とする。直線 $y = ax + a - 4$ と放物線 $y = -x^2$ とで囲まれる部分の面積を S とする。S の最小値を求めよう。

直線は，a の値に関係なく，$\left(\boxed{\text{AB}}\,,\,\boxed{\text{CD}}\right)$ を通る。

$y = ax + a - 4$ と $y = -x^2$ の交点の x 座標を α，β $(\alpha < \beta)$ とおくと，

$$S = \frac{\boxed{\text{E}}}{\boxed{\text{F}}} \left(\beta - \alpha\right)^{\boxed{\text{G}}}$$

より，

$$S = \frac{\boxed{\text{E}}}{\boxed{\text{F}}} \left(a^2 - \boxed{\text{H}}\,a + \boxed{\text{IJ}}\right)^{\frac{\boxed{\text{K}}}{\boxed{\text{L}}}}$$

したがって，$a = \boxed{\text{M}}$ のとき，S は最小値 $\boxed{\text{N}}\sqrt{\boxed{\text{O}}}$ である。

― 計算欄 (memo) ―

Ⅲ の問題はこれで終わりです。 Ⅲ の解答欄 P ～ Z はマークしないでください。

$\boxed{\text{IV}}$

アステロイド $x = \cos^3\theta$, $y = \sin^3\theta$ ($0 \leqq \theta \leqq 2\pi$) で囲まれた図形を, x 軸の周りに 1 回転してできる回転体の体積 V を求めよう。

$$V = 2\pi \int_0^1 y^2 dx$$

$$= 6\pi \int_{\boxed{B}}^{\boxed{A}} \left(\cos^{\boxed{C}}\theta - \boxed{D}\cos^{\boxed{E}}\theta + \boxed{F}\cos^{\boxed{G}}\theta - \cos^{\boxed{H}}\theta \right) \sin\theta d\theta$$

$$= 6\pi \left[-\frac{\boxed{I}}{\boxed{J}}\cos^{\boxed{K}}\theta + \frac{\boxed{L}}{\boxed{M}}\cos^{\boxed{N}}\theta - \frac{\boxed{O}}{\boxed{P}}\cos^{\boxed{Q}}\theta + \frac{\boxed{R}}{\boxed{S}}\cos^{\boxed{T}}\theta \right]_{\boxed{B}}^{\boxed{A}}$$

$$= \frac{\boxed{UV}}{\boxed{WXY}}\pi$$

である。

ただし, $\boxed{K} < \boxed{N} < \boxed{Q} < \boxed{T}$ とする。

— 計算欄 (memo) —

Ⅳ の問題はこれで終わりです。 Ⅳ の解答欄 **Z** はマークしないでください。

コース 2 の問題はこれですべて終わりです。解答用紙の Ⅴ はマークしないでください。

解答用紙の解答コース欄に「コース 2」が正しくマークしてあるか,

もう一度確かめてください。

第 ⑥ 回　模擬試験

解答時間：80分

6

Ⅰ

問1 a, b, cを実数とする。

$$a + b + c = 2$$

$$a^2 + b^2 + c^2 = 5$$

$$\frac{1}{a} + \frac{1}{b} + \frac{1}{c} = 1$$

を満たす。このとき，

(1) $a^2 + b^2 + c^2 = (a+b+c)^2 - \boxed{\textbf{A}}(ab+bc+ca)$

より，

$$ab + bc + ca = -\frac{\boxed{\textbf{B}}}{\boxed{\textbf{C}}}$$

$$abc = -\frac{\boxed{\textbf{D}}}{\boxed{\textbf{E}}}$$

である。

(2) $a^3 + b^3 + c^3 - \boxed{\textbf{F}}\,abc = (a+b+c)(a^2+b^2+c^2-ab-bc-ca)$

を利用すると，

$$a^3 + b^3 + c^3 = \frac{\boxed{\textbf{GH}}}{\boxed{\textbf{I}}}$$

である。

— 計算欄 (memo) —

問2　1から9までの数を1つずつ記した9枚のカードがある。この中から3枚のカードを取り出す。

(1)　3枚のカードがすべて偶数である確率は $\dfrac{\boxed{\text{J}}}{\boxed{\text{KL}}}$ である。

(2)　3枚のカードのうち, 少なくとも1つは3の倍数のカードが含まれる確率は $\dfrac{\boxed{\text{MN}}}{\boxed{\text{OP}}}$ である。

(3)　3枚のカードに記された数の最大値が7となる確率は $\dfrac{\boxed{\text{Q}}}{\boxed{\text{RS}}}$ である。

I の問題はこれで終わりです。 I の解答欄 **T** ～ **Z** はマークしないでください。

$\boxed{\text{II}}$

問1 次の漸化式で表される数列 $a_1 = 1$, $a_2 = e$, $(a_{n+2})^3 \cdot a_n = (a_{n+1})^4$ を考える。

(1) $a_3 = e^{\frac{\boxed{A}}{\boxed{B}}}$

(2) $b_n = \log a_{n+1} - \log a_n$ とする。

$$b_1 = \boxed{C}, \quad b_{n+1} = \frac{\boxed{D}}{\boxed{E}} b_n$$

から,

$$b_n = \left(\frac{\boxed{D}}{\boxed{E}} \right)^{n-1}$$

を得る。

(3) 数列 $\{ b_n \}$ は数列 $\{ \log a_n \}$ の階差数列より,

$$\log a_n = \log a_1 + \sum_{k=1}^{n-1} b_k \quad (n \geqq 2)$$

$$= \frac{\boxed{F}^{\,n-\boxed{G}} - 1}{\boxed{H} \cdot \boxed{I}^{\,n-\boxed{J}}}$$

であるから,

$$a_n = e^{\frac{\boxed{F}^{\,n-\boxed{G}} - 1}{\boxed{H} \cdot \boxed{I}^{\,n-\boxed{J}}}} \quad (n = 1 \text{ も成り立つ})$$

である。

— 計算欄 (memo) —

問2 連立不等式

$$x^2 + y^2 - 4x - 2y - 5 \leqq 0$$

$$2x + y - 10 \geqq 0$$

で表される領域を D とする。

(1) 領域 D の面積は $\dfrac{\boxed{K}}{\boxed{L}}\pi - \boxed{M}$ である。

(2) 領域 D 内の点 $\mathrm{P}(x, y)$ に対して，$k = x + y$ とすると，

$$x = \boxed{N}$$

$$y = \boxed{O}$$

のとき，k は最小値 $\boxed{P}$，

$$x = \boxed{Q} + \sqrt{\boxed{R}}$$

$$y = \boxed{S} + \sqrt{\boxed{T}}$$

のとき，k は最大値 $\boxed{U} + \boxed{V}\sqrt{\boxed{W}}$ をとる。

Ⅱ の問題はこれで終わりです。 Ⅱ の解答欄 **X** ～ **Z** はマークしないでください。

III

半径 2 の円に内接する AB＝AC の二等辺三角形 ABC の面積 S の最大値を考える。

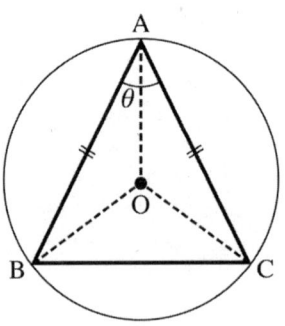

(1) $\angle \mathrm{BAC} = \theta$ とするとき，

$$\mathrm{AB}^2 = \boxed{}\cos\theta + \boxed{}$$

$$S = \boxed{}\sin\theta\cos\theta + \boxed{}\sin\theta$$

である。

(2) S を θ で微分すると，

$$\frac{dS}{d\theta} = \boxed{}\cos^2\theta + \boxed{}\cos\theta - \boxed{}$$

$0 < \theta < \pi$ より，

$\theta = \dfrac{\pi}{\boxed{}}$ のとき，S の最大値は $\boxed{}\sqrt{\boxed{}}$ である。

III の問題はこれで終わりです。 III の解答欄 **K** 〜 **Z** はマークしないでください。

IV

複素数 z，w は次の条件を満たしている。

$$zw = z^3 = w^4 \quad \cdots\cdots ①$$

このとき，①を満たす複素数の組 (z, w) の個数を求めよう。

(1) $z = 0$ のとき，$w = \boxed{A}$

したがって，$(z, w) = \left(0, \boxed{A}\right)$

(2) $z \neq 0$ のとき，$z^3 = w^4$ より，

$$z^3 = z^{\boxed{B}}$$

したがって，

$$z^5 = \boxed{C}$$

これを満たす z は k を整数として，

$$z_k = \cos\frac{\boxed{D}}{\boxed{E}}k\pi + i\sin\frac{\boxed{F}}{\boxed{G}}k\pi$$

(1)，(2)より，(z, w) の個数は $\boxed{H}$ 個である。

― 計算欄 (memo) ―

$\boxed{\text{IV}}$ の問題はこれで終わりです。$\boxed{\text{IV}}$ の解答欄 $\boxed{\text{I}}$ ～ $\boxed{\text{Z}}$ はマークしないでください。

コース 2 の問題はこれですべて終わりです。解答用紙の $\boxed{\text{V}}$ はマークしないでください。

解答用紙の解答コース欄に「コース 2」が正しくマークしてあるか,

もう一度確かめてください。

第 ⑦ 回　模擬試験

解答時間：80分

7

$\boxed{\text{I}}$

問 1　a を定数とし，2 次関数 $f(x) = x^2 - 2x - a^2 + 2a$ とする。

$y = f(x)$ のグラフの頂点の座標は，

$$\left(\boxed{\text{A}} ,\ -a^2 + \boxed{\text{B}} a - \boxed{\text{C}} \right)$$

であり，そのグラフが x 軸と $(3, 0)$ で交わるとき

$$a = -\boxed{\text{D}} \quad \text{または} \quad a = \boxed{\text{E}}$$

である。

$a = -\boxed{\text{D}}$ または $a = \boxed{\text{E}}$ のとき，$y = x$ と $y = f(x)$ で囲まれた部分（グラフの周上も含む）の x 座標，y 座標がともに正の整数となる点は $\boxed{\text{F}}$ 個ある。

— 計算欄 (memo) —

問2 6で割ると1余り，11で割ると5余るような自然数aを求めよう。

　　求める自然数aは，x，yを整数として，

$$a = \boxed{\text{G}}\, x + \boxed{\text{H}} \qquad \cdots\cdots ①$$

$$a = \boxed{\text{IJ}}\, y + \boxed{\text{K}} \qquad \cdots\cdots ②$$

と表すことができる。①，②から，

$$\boxed{\text{G}}\, x - \boxed{\text{IJ}}\, y = \boxed{\text{L}} \qquad \cdots\cdots ③$$

を得る。

$$x = \boxed{\text{M}}$$

$$y = \boxed{\text{N}}$$

は③の解であるから，

$$\boxed{\text{G}}\left(x - \boxed{\text{M}}\right) = \boxed{\text{IJ}}\left(y - \boxed{\text{N}}\right)$$

より，kを整数として，

$$x = \boxed{\text{OP}}\, k + \boxed{\text{Q}}$$

ゆえに

$$a = \boxed{\text{RS}}\, k + \boxed{\text{TU}}$$

さらに，3桁で最小となる自然数aは

$$a = \boxed{\text{VWX}}$$

である。

― 計算欄 (memo) ―

問1 平行四辺形 ABCD において，辺 AB，辺 AD の中点を E，F とし，線分 CE と BF の交点を G とする。また，EC = 6，BF = 4，∠EGB = 60° である。このとき，三角形 ABC の面積 S を求めよう。

まず，$\overrightarrow{AB} = \vec{a}$，$\overrightarrow{AD} = \vec{b}$，$\overrightarrow{EC} = \vec{p}$，$\overrightarrow{FB} = \vec{q}$ とすると，

$$\vec{a} = \frac{\boxed{A}}{\boxed{B}}\vec{p} + \frac{\boxed{C}}{\boxed{D}}\vec{q}$$

$$\vec{b} = \frac{\boxed{E}}{\boxed{F}}\vec{p} - \frac{\boxed{G}}{\boxed{H}}\vec{q}$$

となり，

$$\vec{p} \cdot \vec{q} = -\boxed{IJ}$$

であるから，

$$\left|\overrightarrow{AB}\right| = \frac{\boxed{K}\sqrt{\boxed{LM}}}{5}$$

$$\left|\overrightarrow{AD}\right| = \frac{\boxed{N}\sqrt{\boxed{OP}}}{5}$$

となる。

三角形 ABC の面積は三角形 ABD の面積と等しいので，以上を用いると，

$$S = \frac{\boxed{QR}\sqrt{\boxed{S}}}{5}$$

である。

問 2　$w = \dfrac{1+\sqrt{3}\,i}{2}z + 2$ ……①が成り立つとき,

複素数平面上で,複素数 z をある点を中心に回転した点が w となる。

このとき,次の問いに答えよ。

(1)　①によって移動しない点 β がただ 1 個だけ存在する。このとき,

$$\beta = \boxed{\text{T}} + \sqrt{\boxed{\text{U}}}\, i$$

となる。

(2)　次に,$\dfrac{1+\sqrt{3}\,i}{2}$ を極形式で表すと,

$$\frac{1+\sqrt{3}\,i}{2} = \cos\frac{\pi}{\boxed{\text{V}}} + i\sin\frac{\pi}{\boxed{\text{V}}}$$

となる。

(3)　次の問題文中の $\boxed{\text{W}}$ には,下の選択肢⓪～③の中から適するものを選びなさい。$\boxed{\text{X}} \sim \boxed{\text{Z}}$ には適する数を入れなさい。

複素数平面上の 3 点 A(z),　B(β),C(w) を頂点とする三角形は $\boxed{\text{W}}$ となることがわかり,複素数 w は,複素数 z を $\boxed{\text{X}} + \sqrt{\boxed{\text{Y}}}\, i$ を中心に $\dfrac{\pi}{\boxed{\text{Z}}}$ だけ回転移動した点とわかる。

⓪　直角二等辺三角形　　　　　①　鈍角三角形

②　正三角形　　　　　　　　　③　二等辺三角形

Ⅱ の問題はこれで終わりです。

$$\boxed{\text{III}}$$

3次関数 $f(x) = x^3 - ax^2 - a^2x - 6$ （$a > 0$）とし，

区間 $0 \leqq x \leqq 2$ における最小値が -7 となるような実数 a の値を求めよう。

まず，$f(x)$ の導関数は

$$f'(x) = \left(\boxed{\text{A}}\, x + a \right)(x - a)$$

であるから，a の値を次のように分けて考える。

(1) $a \geqq \boxed{\text{B}}$ のとき，

$$f(x) \text{ は } x = \boxed{\text{C}} \text{ で最小値 } -\boxed{\text{D}}\, a^2 - \boxed{\text{E}}\, a + \boxed{\text{F}}$$

となり，

$$-\boxed{\text{D}}\, a^2 - \boxed{\text{E}}\, a + \boxed{\text{F}} = -7$$

ゆえに

$$a = \frac{-\boxed{\text{G}} \pm \sqrt{\boxed{\text{HI}}}}{\boxed{\text{J}}}$$

となり，条件は満たされない。

(2) $0 < a < \boxed{\text{B}}$ のとき，

$$f(x) \text{ は } x = a \text{ で最小値 } -a^{\boxed{\text{K}}} - \boxed{\text{L}}$$

となり，

$$-a^{\boxed{\text{K}}} - \boxed{\text{L}} = -7$$

ゆえに

$$a = \boxed{\text{M}}$$

となり，これは条件を満たす。

以上より，求める a の値は，$a = \boxed{\text{M}}$ である。

Ⅲ の問題はこれで終わりです。 Ⅲ の解答欄 **N** ～ **Z** はマークしないでください。

$\boxed{\text{IV}}$

曲線 $y = xe^{-x}$ と x 軸および 2 直線 $x = t$, $x = t+1$ ($t > 0$) で囲まれた図形の面積 $S(t)$ の最大値について考える。

(1) $\quad S(t) = \displaystyle\int_t^{t+1} xe^{-x}dx$

$\qquad\qquad = \left(t + \boxed{\textbf{A}}\right)e^{-t} - \left(t + \boxed{\textbf{B}}\right)e^{-t-\boxed{\textbf{C}}}$

である。

(2) 次に，

$\qquad\qquad S'(t) = \dfrac{-\left(e - \boxed{\textbf{D}}\right)t + \boxed{\textbf{E}}}{e^{t+\boxed{\textbf{F}}}}$

であるから，$S(t)$ は

$\qquad\qquad t = \dfrac{1}{e - \boxed{\textbf{G}}}$

のとき極大値をとり最大となる。よって，求める最大値は，

$\qquad\qquad S\left(\dfrac{1}{e - \boxed{\textbf{G}}}\right) = \left(e - \boxed{\textbf{H}}\right)e^{-\frac{e}{e - \boxed{\textbf{I}}}}$

である。

IV の問題はこれで終わりです。 IV の解答欄 J ～ Z はマークしないでください。

コース 2 の問題はこれですべて終わりです。解答用紙の V はマークしないでください。

解答用紙の解答コース欄に「コース 2」が正しくマークしてあるか，

もう一度確かめてください。

第 ⑧ 回　模擬試験

解答時間：80分

8

$\boxed{\text{I}}$

問1 $\dfrac{1}{\sqrt{5}-2}$ の整数部分を a, 小数部分を b とすると,

$$a = \boxed{\text{A}}$$

$$b = \sqrt{5} - \boxed{\text{B}}$$

となる。

$$b + \frac{1}{b} = \boxed{\text{C}}\sqrt{\boxed{\text{D}}}$$

より,

$$b^2 + \frac{1}{b^2} = \boxed{\text{EF}}$$

したがって,

$$a^2 - \left(b^2 + \frac{1}{b^2} \right) = \boxed{\text{GH}}$$

である。

— 計算欄 (memo) —

問2 15をたしても，16をひいても平方数になるような自然数 n を求めよう。

k，ℓ を自然数とすると，

$$n + 15 = k^2$$

$$n - 16 = \ell^2$$

となり，$k + \ell$ と $k - \ell$ の積は $\boxed{\text{IJ}}$ である。

$$k + \ell > k - \ell$$

より，

$$k = \boxed{\text{KL}}$$

$$\ell = \boxed{\text{MN}}$$

よって，

$$n = \boxed{\text{OPQ}}$$

である。

Ⅰの問題はこれで終わりです。Ⅰの解答欄 **R** ～ **Z** はマークしないでください。

問1 2点 A$(-1, 4)$，B$(3, 2)$を直径の両端とする円Cについて考える。

  (1) 円Cの方程式は

$$\left(x - \boxed{\text{A}}\right)^2 + \left(y - \boxed{\text{B}}\right)^2 = \boxed{\text{C}}$$

である。

  (2) 点 B における接線ℓの方程式は

$$y = \boxed{\text{D}}\,x - \boxed{\text{E}}$$

であり，ℓに関して円Cと対称な円の方程式は

$$\left(x - \boxed{\text{F}}\right)^2 + \left(y - \boxed{\text{G}}\right)^2 = \boxed{\text{H}}$$

である。

— 計算欄 (memo) —

問 2 複素数 $\alpha = \left(\sqrt{3} - 1\right) + \left(\sqrt{3} + 1\right)i$ について考える。

(1) $\alpha^2 = -\boxed{\text{I}}\sqrt{\boxed{\text{J}}} + \boxed{\text{K}}\,i$ である。

(2) α の偏角 θ の範囲を $0 \leqq \theta < 2\pi$ とするとき，α を極形式で表すと，

$$\alpha = \boxed{\text{L}}\sqrt{\boxed{\text{M}}}\left(\cos\frac{\boxed{\text{N}}}{\boxed{\text{OP}}}\pi + i\sin\frac{\boxed{\text{N}}}{\boxed{\text{OP}}}\pi\right)$$

である。

(3) n を自然数とする。複素数 w_n を $w_n = (1+i)\alpha^n$ によって定めるとき，

$$\arg w_n = \arg\left\{(1+i)\alpha^n\right\}$$

$$= \arg(1+i) + n \times \arg\alpha$$

$$= \frac{\boxed{\text{Q}}\,n + \boxed{\text{R}}}{\boxed{\text{ST}}}\pi$$

したがって，

w_n が実数となる最小の自然数 n を求めると，

$n = \boxed{\text{U}}$ のとき，w_n は実数となる。

Ⅱ の問題はこれで終わりです。 Ⅱ の解答欄 **V** 〜 **Z** はマークしないでください。

$\boxed{\text{III}}$

正の実数 x, y が $xy = 100$ を満たすとき，$\left(\log_{10} x\right)^3 + \left(\log_{10} y\right)^3$ の最小値を求めよう。

$$\log_{10} x + \log_{10} y = \boxed{\text{A}}$$

である。

$z = \left(\log_{10} x\right)^3 + \left(\log_{10} y\right)^3$ とおくと，

$$z = \boxed{\text{B}}\left(\log_{10} x - \boxed{\text{C}}\right)^2 + \boxed{\text{D}}$$

となる。よって，

$$x = \boxed{\text{EF}}, \quad y = \boxed{\text{GH}} \text{ のとき，} z \text{ は最小値 } \boxed{\text{I}}$$

をとる。

— 計算欄 (memo) —

Ⅲ の問題はこれで終わりです。 Ⅲ の解答欄 **J** 〜 **Z** はマークしないでください。

$\boxed{\text{IV}}$

区間 $0 \leqq x \leqq \dfrac{\pi}{2}$ で定義された 2 つの曲線 $C_1：y = \sin 2x$，　$C_2：y = k \sin x$ について考える。ただし，k は $0 < k < 2$ を満たす定数とする。

(1)　C_1 と x 軸で囲まれた部分の面積は $\boxed{\text{A}}$ である。

(2)　C_1 と C_2 の交点のうち，原点以外の交点の x 座標を α とすると，

$$\cos \alpha = \frac{\boxed{\text{B}}}{\boxed{\text{C}}} k$$

である。

(3)　C_1 と x 軸で囲まれた部分の面積を C_2 が 2 等分するとき，

$$k = \boxed{\text{D}} - \sqrt{\boxed{\text{E}}}$$

である。

IV の問題はこれで終わりです。IV の解答欄 **F** 〜 **Z** はマークしないでください。

コース 2 の問題はこれですべて終わりです。解答用紙の V はマークしないでください。

解答用紙の解答コース欄に「コース 2」が正しくマークしてあるか，

もう一度確かめてください。

第 ⑨ 回　模擬試験

解答時間：80分

9

$$\boxed{\text{I}}$$

問1 a, b, c を正の整数とし，次の条件を満たす。

（ i ） $a + b + c = 8$

（ ii ） $ab + bc + ca = 19$

（iii） $abc = 12$

(1) $a^2 + b^2 + c^2 = \boxed{\text{AB}}$ である。

(2) $(a+b)(b+c)(c+a) = \boxed{\text{CDE}}$ である。

(3) $a < b < c$ とするとき，

$a = \boxed{\text{F}}$ ， $b = \boxed{\text{G}}$ ， $c = \boxed{\text{H}}$ である。

― 計算欄 (memo) ―

問2 10本のくじがあり，そのうち2本が当たりくじである。このくじからA君，B君，C君がこの順で1本ずつ引く。ただし，引いたくじはもとに戻さない。

(1) C君が当たる確率は $\dfrac{\boxed{\text{I}}}{\boxed{\text{J}}}$ である。

(2) 誰も当たらない確率は $\dfrac{\boxed{\text{K}}}{\boxed{\text{LM}}}$ である。

(3) 少なくとも1人が当たる確率は $\dfrac{\boxed{\text{N}}}{\boxed{\text{OP}}}$ である。

— 計算欄 (memo) —

Ⅰ の問題はこれで終わりです。Ⅰ の解答欄 **Q** ～ **Z** はマークしないでください。

問1 整式 $P(x)$ は，x の n 次式（$n \geqq 3$）であり，$(x-3)^2$ で割った余りが $2x-5$ であり，$x-1$ で割った余りが 5 である。

(1) $P(1) = \boxed{\text{A}}$，$P(3) = \boxed{\text{B}}$ である。

(2) 整式 $P(x)$ を $x^2 - 4x + 3$ で割った余りは

$$\boxed{\text{CD}}\,x + \boxed{\text{E}}$$

であり，整式 $P(x)$ を $(x-3)^2(x-1)$ で割った余りは

$$\boxed{\text{F}}\,x^2 - \boxed{\text{GH}}\,x + \boxed{\text{IJ}}$$

である。

— 計算欄 (memo) —

問2 関数 $f(x) = x^3 - 2ax + b$ は $x = 2$ で極小値 -14 をとる。

(1) $a = \boxed{\text{K}}$, $b = \boxed{\text{L}}$ である。

(2) $y = f(x)$ のグラフは $x = \boxed{\text{MN}}$ で極大値 $\boxed{\text{OP}}$ をとる。

(3) 方程式 $f(x) = k$ が異なる 2 つの負の解と 1 つの正の解をもつような定数 k の値の

範囲は

$$\boxed{\text{Q}} < k < \boxed{\text{RS}}$$

である。

― **計算欄 (memo)** ―

$\boxed{\text{III}}$

1辺の長さが3である正四面体 OABC がある。辺 AB を 1 : 2 に内分する点を P,
辺 OC を 2 : 1 に内分する点を Q とする。

(1) $\overrightarrow{OP} = \dfrac{\boxed{A}}{\boxed{B}}\overrightarrow{OA} + \dfrac{\boxed{C}}{\boxed{D}}\overrightarrow{OB}$ である。

(2) $\left|\overrightarrow{PQ}\right| = \sqrt{\boxed{E}}$ である。

(3) 線分 PC の中点を M，線分 OM と PQ の交点を R とすると，

$$\overrightarrow{OR} = \dfrac{\boxed{F}}{\boxed{G}}\overrightarrow{OM}$$

であり，このとき，直線 AR と平面 OBC の交点を S とすると，

$$\overrightarrow{OS} = \dfrac{\boxed{H}}{\boxed{IJ}}\overrightarrow{OB} + \dfrac{\boxed{K}}{\boxed{LM}}\overrightarrow{OC}$$

である。

Ⅲ の問題はこれで終わりです。 Ⅲ の解答欄 **N** ～ **Z** はマークしないでください。

$\boxed{\text{IV}}$

円 $x^2 + (y-4)^2 = 1$ を x 軸のまわりに 1 回転し
てできる立体の体積 V を求めよう。

円 $x^2 + (y-4)^2 = 1$ は，上下 2 つの半円

$$y = \boxed{\text{A}} + \sqrt{\boxed{\text{B}} - x^2}$$

$$y = \boxed{\text{A}} - \sqrt{\boxed{\text{B}} - x^2}$$

に分けることができる。

求める体積 V は，この 2 つの半円のそれぞれと，x 軸との間の部分を x 軸のまわり
に 1 回転してできる 2 つの立体の体積 V_1，V_2 の差となるから，

$$V = V_1 - V_2$$

$$= \pi \int_{-\boxed{\text{D}}}^{\boxed{\text{C}}} \left(\boxed{\text{A}} + \sqrt{\boxed{\text{B}} - x^2} \right)^2 dx \ - \ \pi \int_{-\boxed{\text{D}}}^{\boxed{\text{C}}} \left(\boxed{\text{A}} - \sqrt{\boxed{\text{B}} - x^2} \right)^2 dx$$

$$= \boxed{\text{EF}}\, \pi \int_{-\boxed{\text{D}}}^{\boxed{\text{C}}} \sqrt{\boxed{\text{B}} - x^2}\, dx$$

$$= \boxed{\text{G}}\, \pi^{\boxed{\text{H}}}$$

である。

132

― 計算欄 (memo) ―

IV の問題はこれで終わりです。 IV の解答欄 I 〜 Z はマークしないでください。

コース 2 の問題はこれですべて終わりです。解答用紙の V はマークしないでください。

解答用紙の解答コース欄に「コース 2」が正しくマークしてあるか，

もう一度確かめてください。

第 ⑩ 回　模擬試験

解答時間：80分

10

$\boxed{\text{I}}$

問1 a を実数とし，2つの不等式

$$|2x - 3| < 2 \quad \cdots\cdots \text{①}$$

$$|ax - 5| < a \quad \cdots\cdots \text{②}$$

について考える。

(1) 不等式①の x の範囲は

$$\frac{\boxed{\text{A}}}{\boxed{\text{B}}} < x < \frac{\boxed{\text{C}}}{\boxed{\text{D}}}$$

である。

(2) 不等式②の x の範囲は

$$\frac{\boxed{\text{E}} - a}{a} < x < \frac{\boxed{\text{F}} + a}{a}$$

である。

(3) $$\frac{\boxed{\text{C}}}{\boxed{\text{D}}} - \frac{\boxed{\text{A}}}{\boxed{\text{B}}} = \boxed{\text{G}}$$

$$\frac{\boxed{\text{F}} + a}{a} - \frac{\boxed{\text{E}} - a}{a} = \boxed{\text{H}}$$

である。

不等式①，②を同時に満たす実数 x が存在するような a の値の範囲は

$$a > \frac{\boxed{\text{IJ}}}{\boxed{\text{K}}}$$

である。

— 計算欄 (memo) —

問2 1つのさいころを3回投げる。k 回目に出た目を x_k ($k = 1, 2, 3$) とする。

(1) $x_1 + x_2 + x_3$ が奇数となる確率は $\dfrac{\boxed{\text{L}}}{\boxed{\text{M}}}$ である。

(2) $x_1 < x_2 < x_3$ となる確率は $\dfrac{\boxed{\text{N}}}{\boxed{\text{OP}}}$ である。

(3) $x_1 \leqq x_2 \leqq x_3$ となる確率は $\dfrac{\boxed{\text{Q}}}{\boxed{\text{RS}}}$ である。

— 計算欄 (memo) —

I の問題はこれで終わりです。 I の解答欄 **T** ～ **Z** はマークしないでください。

$\boxed{\text{II}}$

問1 数列 $\left\{ \dfrac{3r^n + 4}{2r^n + 5} \right\}$ の極限を次の場合に分けて考える。

(1) $|r| < 1$ のとき,

$$\lim_{n \to \infty} r^n = \boxed{\text{A}}$$

であるから,

$$\lim_{n \to \infty} \frac{3r^n + 4}{2r^n + 5} = \frac{\boxed{\text{B}}}{\boxed{\text{C}}}$$

である。

(2) $r = 1$ のとき,

$$\lim_{n \to \infty} r^n = \boxed{\text{D}}$$

であるから,

$$\lim_{n \to \infty} \frac{3r^n + 4}{2r^n + 5} = \boxed{\text{E}}$$

である。

(3) $|r| > 1$ のとき, $\left| \dfrac{1}{r} \right| < 1$ より,

$$\lim_{n \to \infty} \left(\frac{1}{r} \right)^n = \boxed{\text{F}}$$

であるから,

$$\lim_{n \to \infty} \frac{3r^n + 4}{2r^n + 5} = \frac{\boxed{\text{G}}}{\boxed{\text{H}}}$$

である。

— 計算欄 (memo) —

問 2　$P = \dfrac{-1 + \sqrt{3}\,i}{1 + i}$ を考える。

(1)　次の複素数を極形式で表すと，

$$-1 + \sqrt{3}\,i = \boxed{I}\left(\cos\frac{\boxed{J}}{\boxed{K}}\pi + i\sin\frac{\boxed{J}}{\boxed{K}}\pi \right)$$

$$1 + i = \sqrt{\boxed{L}}\left(\cos\frac{\pi}{\boxed{M}} + i\sin\frac{\pi}{\boxed{M}} \right)$$

である。

ただし，$0 < \dfrac{\boxed{J}}{\boxed{K}}\pi < 2\pi$ とする。

(2)　P を極形式で表すと，

$$P = \sqrt{\boxed{N}}\left(\cos\frac{\boxed{O}}{\boxed{PQ}}\pi + i\sin\frac{\boxed{O}}{\boxed{PQ}}\pi \right)$$

である。

(3)　P^n が整数となる最小の自然数 n の値は，$n = \boxed{RS}$ である。

Ⅱ の問題はこれで終わりです。 Ⅱ の解答欄 **T** 〜 **Z** はマークしないでください。

関数 $f(x) = \log(x+1) + 2$ について考える。

(1) $y = f(x)$ のグラフを x 軸に関して対称移動し，さらに，x 軸方向に 2 ，y 軸方向に 4 だけ平行移動した曲線の方程式は

$$y = -\log\left(x - \boxed{\text{A}}\right) + \boxed{\text{B}}$$

である。

$y = f(x)$ と $y = -\log\left(x - \boxed{\text{A}}\right) + \boxed{\text{B}}$ の交点の x 座標は $\sqrt{\boxed{\text{C}}}$ である。

(2) $y = f(x)$ と y 軸との交点の座標 $\left(\boxed{\text{D}}, \boxed{\text{E}}\right)$ における接線を ℓ とすると，ℓ は

$$y = x + \boxed{\text{F}}$$

である。直線 ℓ ，x 軸，y 軸で囲まれた図形を ℓ のまわりに 1 回転してできる回転体の体積 V は

$$V = \frac{\boxed{\text{G}}\sqrt{\boxed{\text{H}}}}{\boxed{\text{I}}}\pi$$

である。

— 計算欄 (memo) —

Ⅲ の問題はこれで終わりです。 Ⅲ の解答欄 J ～ Z はマークしないでください。

$\boxed{\text{IV}}$

a は $0 < a < \pi$ を満たす定数とする。

$0 \leqq x \leqq \pi$ において 2 曲線

$$f(x) = x \sin x \quad \cdots\cdots ①$$

$$g(x) = a \sin x \quad \cdots\cdots ②$$

で囲まれた図形の面積が最小となるときの a の値を考える。

(1) 次の文の $\boxed{\text{A}}$，$\boxed{\text{B}}$ には下の⓪〜③の中から適するものを選びなさい。ただし，C は積分定数とする。

$$f'(x) = \boxed{\text{A}}, \quad \int f(x)\,dx = \boxed{\text{B}} + C$$

  ⓪ $\sin x + x \cos x$ ① $\sin x - x \cos x$

  ② $\cos x - x \sin x$ ③ $\cos x + x \sin x$

(2) 次の文の $\boxed{\text{D}}$，$\boxed{\text{E}}$ には下の⓪〜③の中から適するものを選びなさい。他の問には適する数字を入れなさい。

$f(x) = g(x)$ より，交点の x 座標は，$\boxed{\text{C}}$，a，π である。

よって，$S = \displaystyle\int_{\boxed{\text{C}}}^{a} \left(\boxed{\text{D}} \right) dx + \int_{a}^{\pi} \left(\boxed{\text{E}} \right) dx$

$$= \pi - \boxed{\text{F}} \sin a$$

S が最小となる a の値は $\dfrac{\pi}{\boxed{\text{G}}}$ である。

  ⓪ $x \sin x - a \sin x$ ① $a \sin x - x \sin x$

  ② $x \sin x + a \sin x$ ③ $a - x$

IV の問題はこれで終わりです。 IV の解答欄 **H** ～ **Z** はマークしないでください。

コース 2 の問題はこれですべて終わりです。解答用紙の **V** はマークしないでください。

解答用紙の解答コース欄に「コース 2」が正しくマークしてあるか，

もう一度確かめてください。

解　答

★ 難易度は3段階で示しており，星が多いほど難しい問題であることを表している。

★ 出題テーマは，文科省の定めた学習指導要領に基づき設定したものである。

問		難易度	出題テーマ
I	問1	★★	2次関数
	問2	★	場合の数と確率
II	問1	★	数列
	問2	★★	微分法
III		★★★	ベクトル
IV		★★★	積分法

問		解答番号	解答記入欄	正解
I	問1	A		2
		B		5
		C		6
		D		5
		E		4
		F		1
		G		4
		HI		−6
		J		4
		KL		13
		MN		17
		O		8
	問2	P		4
		QR		60
		ST		52
		UVW		495
		XY		15

問		解答番号	解答記入欄	正解
II	問1	A		0
		B		6
		C		6
		D		2
		E		1
		FG		−2
		H		1
		I		2
		JKL		321
	問2	M		2
		N		0
		O		⓪
		P		2
		Q		4
		R		4

問	解答番号	解答記入欄	正解
III	A		4
	B		3
	C		5
	D		1
	E		4
	F		5
	G		3
	H		5
	I J		−4
	K		6
	L		4
	M		5
	N		3
	O		5
	P		4
	Q		5
	R		3
	S		5

問	解答番号	解答記入欄	正解
IV	A		4
	B		2
	C		2
	D		2
	E		4

memo

★ 難易度は 3 段階で示しており，星が多いほど難しい問題であることを表している。

★ 出題テーマは，文科省の定めた学習指導要領に基づき設定したものである。

問		難易度	出題テーマ
I	問 1	★	数と式
	問 2	★★	場合の数と確率
II	問 1	★★	数列
	問 2	★★★	複素数平面
III		★★	極限
IV		★★★	微分法

問		解答番号	解答記入欄	正解
I	問 1	A		3
		B		6
		C		2
		D		2
		E		6
		F G		20
		H I		−2
	問 2	J		5
		K L		12
		M		2
		N		3
		O		1
		P		4
		Q		3
		R		7
		S		1
		T		5

問		解答番号	解答記入欄	正解
II	問 1	A B		13
		C D		35
		E		1
		F		2
		G		3
		H		2
		I		5
		J		2
		K		2
		L		3
	問 2	M		3
		N		6
		O		6
		P		1
		Q		6
		R		1
		S		4

問	解答番号	解答記入欄	正解
III	A		2
	B		2
	C		④
	D		③
	E		2
	F		2
	G		⑦
	H		2

問	解答番号	解答記入欄	正解
IV	A		1
	B		2
	C		3
	D		1
	E		1
	F		2
	G		1
	H		2

memo

★ 難易度は3段階で示しており，星が多いほど難しい問題であることを表している。

★ 出題テーマは，文科省の定めた学習指導要領に基づき設定したものである。

問		難易度	出題テーマ
I	問1	★	2次関数
	問2	★★	数と式
II	問1	★★★	三角関数
	問2	★★	微分・積分の考え
III		★★★	極限
IV		★★★	積分法

問		解答番号	解答記入欄	正解
I	問1	A		1
		B		6
		C		1
		D		6
		E		1
		F		1
		G		4
		H I		−5
	問2	J		①
		K		⓪
		L		②

問		解答番号	解答記入欄	正解
II	問1	A		0
		B		1
		C		6
		D		1
		E		4
	問2	F G		−2
		H		6
		I		4
		J		3

問	解答番号	解答記入欄	正解
III	A		9
	B		3
	C		2
	D		2
	E		1
	F		1
	G		1
	H		6
	I		1
	J		3

問	解答番号	解答記入欄	正解
IV	A		3
	B		2
	C		3
	D		1
	E		2
	F		3
	G		1
	H		6
	I		3
	J		6

memo

★ 難易度は３段階で示しており，星が多いほど難しい問題であることを表している。

★ 出題テーマは，文科省の定めた学習指導要領に基づき設定したものである。

問		難易度	出題テーマ
I	問1	★	数と式
	問2	★★	場合の数と確率
II	問1	★★★	三角関数
	問2	★★	ベクトル
III		★★	平面上の曲線
IV		★★★	微分法

問		解答番号	解答記入欄	正解
I	問1	A		2
		B		4
		C		8
		D		8
		E F		−8
	問2	G		1
		H		2
		I		5
		J K		16
		L		7
		M N		32

問		解答番号	解答記入欄	正解
II	問1	A		2
		B		1
		C		2
		D		3
		E		2
		F		1
		G		4
		H		3
		I		4
		J		3
		K		4
		L		1
		M		2
		N		3
		O P		12
	問2	Q		3
		R		2
		S		3
		T		3
		U		9
		V		2
		W		3
		X		3
		Y		2
		Z		2

問	解答番号	解答記入欄	正解
III	A		③
	B		⓪
	C		5
	D		3
	E		2
	F		2
	G		4
	H		4
	I		3
	J		5
	K		2
	LM		10
	N		5

問	解答番号	解答記入欄	正解
IV	A		7
	B		2
	C		7
	D		4
	E		2
	F G		28
	H		2
	I J		16

memo

★ 難易度は3段階で示しており，星が多いほど難しい問題であることを表している。

★ 出題テーマは，文科省の定めた学習指導要領に基づき設定したものである。

問		難易度	出題テーマ
I	問1	★	2次関数
	問2	★★	場合の数と確率
II	問1	★★★	複素数平面
	問2	★★	ベクトル
III		★★	微分・積分の考え
IV		★★★	積分法

問		解答番号	解答記入欄	正解
I	問1	A		2
		B		3
		C		1
		D		5
		E		1
		F		6
		GHI		115
		JK		18
		L		3
		MN		−8
	問2	OPQR		1260
		ST		60
		UVW		210
		XY		36

問		解答番号	解答記入欄	正解
II	問1	A		1
		B		2
		C		2
		D		2
		E		①
		F		②
		G		2
		H		3
		I		2
	問2	J		1
		K		4
		L		1
		M		8
		N		3
		O		7
		P		8
		Q		3
		R		7
		S		8
		T		7
		U		2
		V		2
		W		2
		XY		14
		Z		7

問	解答番号	解答記入欄	正解
III	A B		−1
	C D		−4
	E		1
	F		6
	G		3
	H		4
	I J		16
	K		3
	L		2
	M		2
	N		4
	O		3

問	解答番号	解答記入欄	正解
IV	A		2
	B		0
	C		2
	D		3
	E		4
	F		3
	G		6
	H		8
	I		1
	J		3
	K		3
	L		3
	M		5
	N		5
	O		3
	P		7
	Q		7
	R		1
	S		9
	T		9
	U V		32
	W X Y		105

memo

★ 難易度は 3 段階で示しており，星が多いほど難しい問題であることを表している。

★ 出題テーマは，文科省の定めた学習指導要領に基づき設定したものである。

問		難易度	出題テーマ
I	問1	★	数と式
	問2	★★	場合の数と確率
II	問1	★★★	数列
	問2	★★	図形と方程式
III		★★★	微分法
IV		★★★	複素数平面

問		解答番号	解答記入欄	正解
I	問1	A		2
		B		1
		C		2
		D		1
		E		2
		F		3
		GH		19
		I		2
	問2	J		1
		KL		21
		MN		16
		OP		21
		Q		5
		RS		28

問		解答番号	解答記入欄	正解
II	問1	A		4
		B		3
		C		1
		D		1
		E		3
		F		3
		G		1
		H		2
		I		3
		J		2
	問2	K		5
		L		2
		M		5
		N		5
		O		0
		P		5
		Q		2
		R		5
		S		1
		T		5
		U		3
		V		2
		W		5

問	解答番号	解答記入欄	正解
III	A		8
	B		8
	C		4
	D		4
	E		8
	F		4
	G		4
	H		3
	I		3
	J		3

問	解答番号	解答記入欄	正解
IV	A		0
	B		8
	C		1
	D		2
	E		5
	F		2
	G		5
	H		6

memo

★ 難易度は 3 段階で示しており，星が多いほど難しい問題であることを表している。

★ 出題テーマは，文科省の定めた学習指導要領に基づき設定したものである。

問		難易度	出題テーマ
I	問 1	★	2 次関数
	問 2	★★	整数の性質
II	問 1	★★★	ベクトル
	問 2	★★★	複素数平面
III		★★	微分・積分の考え
IV		★★★	微分法・積分法

問		解答番号	解答記入欄	正解
I	問 1	A		1
		B		2
		C		1
		D		1
		E		3
		F		6
	問 2	G		6
		H		1
		I J		11
		K		5
		L		4
		M		8
		N		4
		O P		11
		Q		8
		R S		66
		T U		49
		V W X		115

問		解答番号	解答記入欄	正解
II	問 1	A		2
		B		5
		C		4
		D		5
		E		4
		F		5
		G		2
		H		5
		I J		12
		K		4
		L M		13
		N		8
		O P		13
		Q R		24
		S		3
	問 2	T		1
		U		3
		V		3
		W		②
		X		1
		Y		3
		Z		3

問	解答番号	解答記入欄	正解
III	A		3
	B		2
	C		2
	D		2
	E		4
	F		2
	G		2
	H I		22
	J		2
	K		3
	L		6
	M		1

問	解答番号	解答記入欄	正解
IV	A		1
	B		2
	C		1
	D		1
	E		1
	F		1
	G		1
	H		1
	I		1

memo

★ 難易度は 3 段階で示しており，星が多いほど難しい問題であることを表している。

★ 出題テーマは，文科省の定めた学習指導要領に基づき設定したものである。

問		難易度	出題テーマ
I	問1	★	数と式
	問2	★★	整数の性質
II	問1	★	図形と方程式
	問2	★★★	複素数平面
III		★★	指数関数・対数関数
IV		★★★	積分法

問		解答番号	解答記入欄	正解
I	問1	A		4
		B		2
		C		2
		D		5
		E F		18
		G H		−2
	問2	I J		31
		K L		16
		M N		15
		O P Q		241

問		解答番号	解答記入欄	正解
II	問1	A		1
		B		3
		C		5
		D		2
		E		4
		F		5
		G		1
		H		5
	問2	I		4
		J		3
		K		4
		L		2
		M		2
		N		5
		O P		12
		Q		5
		R		3
		S T		12
		U		9

問	解答番号	解答記入欄	正解
III	A		2
	B		6
	C		1
	D		2
	E F		10
	G H		10
	I		2

問	解答番号	解答記入欄	正解
IV	A		1
	B		1
	C		2
	D		2
	E		2

memo

★ 難易度は3段階で示しており，星が多いほど難しい問題であることを表している。

★ 出題テーマは，文科省の定めた学習指導要領に基づき設定したものである。

問		難易度	出題テーマ
I	問1	★	数と式
	問2	★★	場合の数と確率
II	問1	★★	いろいろな式
	問2	★★	微分・積分の考え
III		★★	ベクトル
IV		★★★	積分法

問		解答番号	解答記入欄	正解
I	問1	A B		26
		C D E		140
		F		1
		G		3
		H		4
	問2	I		1
		J		5
		K		7
		L M		15
		N		8
		O P		15

問		解答番号	解答記入欄	正解
II	問1	A		5
		B		1
		C D		−2
		E		7
		F		2
		G H		10
		I J		13
	問2	K		6
		L		2
		M N		−2
		O P		18
		Q		2
		R S		18

問	解答番号	解答記入欄	正解
III	A		2
	B		3
	C		1
	D		3
	E		5
	F		4
	G		5
	H		2
	I J		11
	K		6
	L M		11

問	解答番号	解答記入欄	正解
IV	A		4
	B		1
	C		1
	D		1
	E F		16
	G		8
	H		2

memo

★ 難易度は3段階で示しており，星が多いほど難しい問題であることを表している。

★ 出題テーマは，文科省の定めた学習指導要領に基づき設定したものである。

問		難易度	出題テーマ
I	問1	★★	数と式
	問2	★★	場合の数と確率
II	問1	★	極限
	問2	★★★	複素数平面
III		★★★	指数関数・対数関数
IV		★★★	積分法

問		解答番号	解答記入欄	正解
I	問1	A		1
		B		2
		C		5
		D		2
		E		5
		F		5
		G		2
		H		2
		I J		10
		K		7
	問2	L		1
		M		2
		N		5
		O P		54
		Q		7
		R S		27

問		解答番号	解答記入欄	正解
II	問1	A		0
		B		4
		C		5
		D		1
		E		1
		F		0
		G		3
		H		2
	問2	I		2
		J		2
		K		3
		L		2
		M		4
		N		2
		O		5
		P Q		12
		R S		12

問	解答番号	解答記入欄	正解
III	A		1
	B		2
	C		2
	D		0
	E		2
	F		2
	G		4
	H		2
	I		3

問	解答番号	解答記入欄	正解
IV	A		⓪
	B		①
	C		0
	D		①
	E		⓪
	F		2
	G		2

memo

付　録

自己分析シートの使い方

▶利用目的

出題単元ごとの理解度（大きさ）と，試験結果全体のバランスを視覚的に把握することができます。

▶使い方

① 正解数を右端の欄へ記入する。

② それぞれの分野の正解数を円グラフの中心点から数え，該当する数値の点をチェックする。

③ 隣りあった単元の正解数の点を直線でつなげる。

④ 出来上がった六角形から自分の弱点を分析しよう。

▶グラフの見方

・六角形が大きいほど良い結果ということがわかります。

・正六角形に近い形であるほど，それぞれの分野をバランスよく理解していることがわかります。

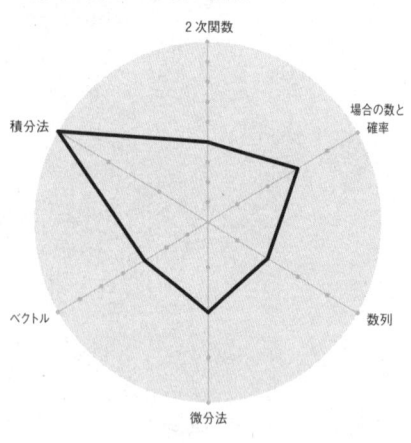
全体的に努力が必要な結果

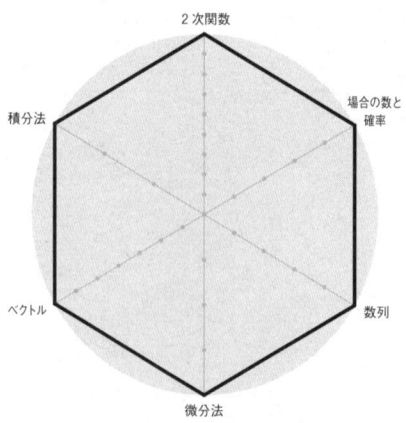
素晴らしい結果

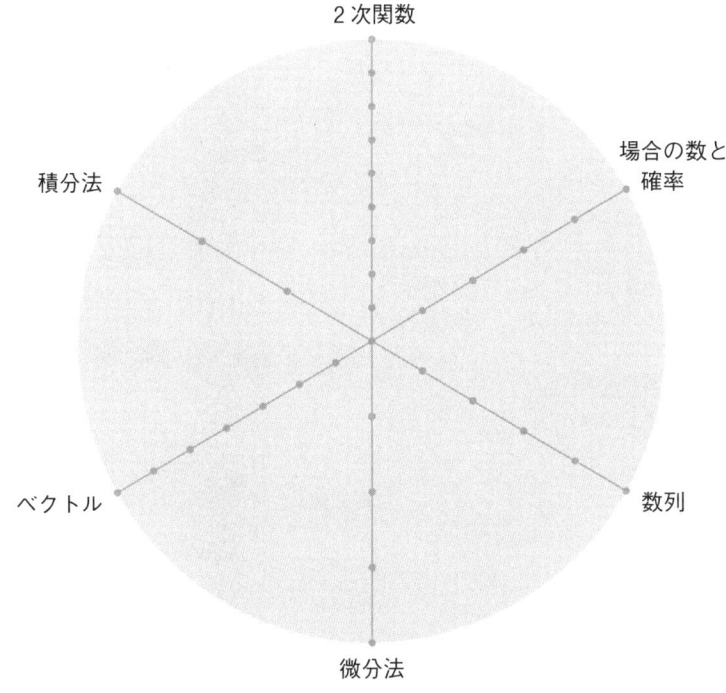

		2次関数	
Ⅰ	問1	2次関数	／9
Ⅰ	問2	場合の数と確率	／5
Ⅱ	問1	数列	／5
Ⅱ	問2	微分法	／4
Ⅲ		ベクトル	／7
Ⅳ		積分法	／3

第2回 自己分析シート

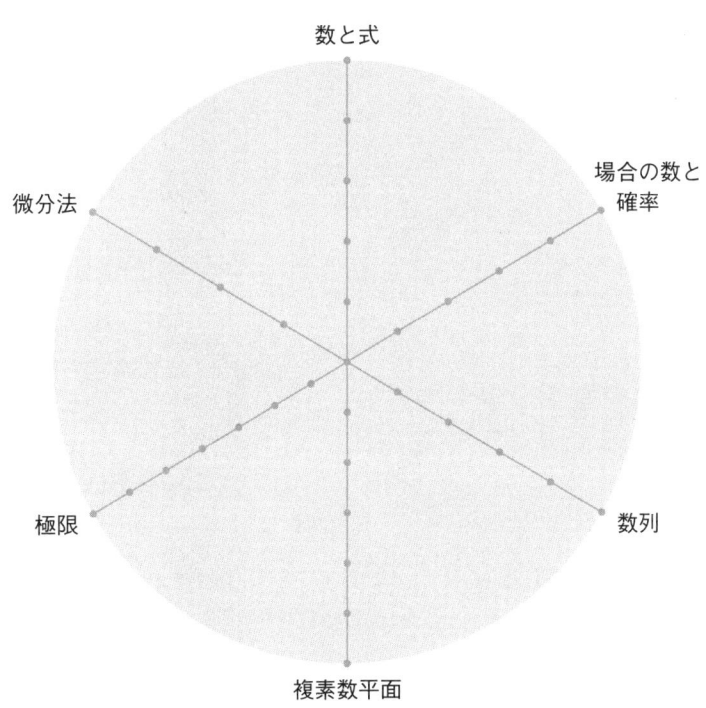

		数と式	
Ⅰ	問1	数と式	／5
Ⅰ	問2	場合の数と確率	／5
Ⅱ	問1	数列	／5
Ⅱ	問2	複素数平面	／6
Ⅲ		極限	／7
Ⅳ		微分法	／4

第3回

自己分析シート

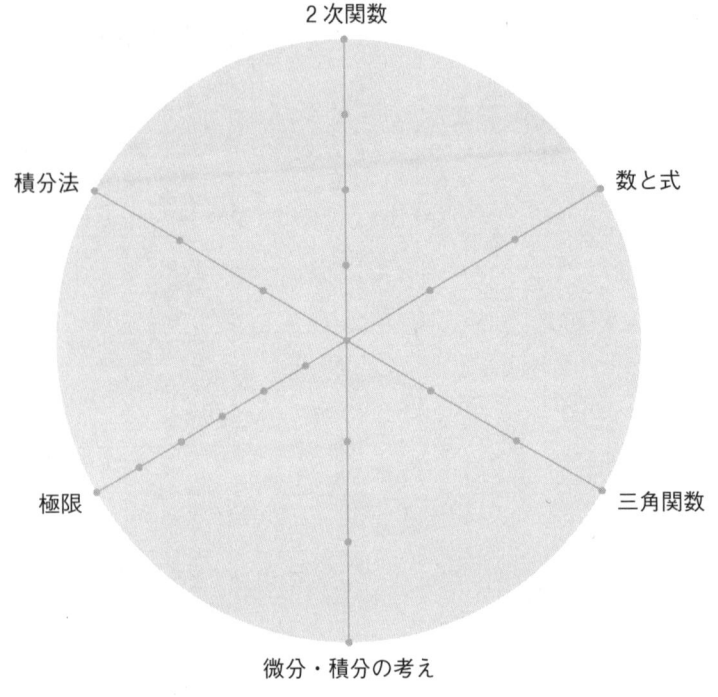

		2次関数	
I	問1		／4
I	問2	数と式	／3
II	問1	三角関数	／3
II	問2	微分・積分の考え	／3
III		極限	／6
IV		積分法	／3

第4回 自己分析シート

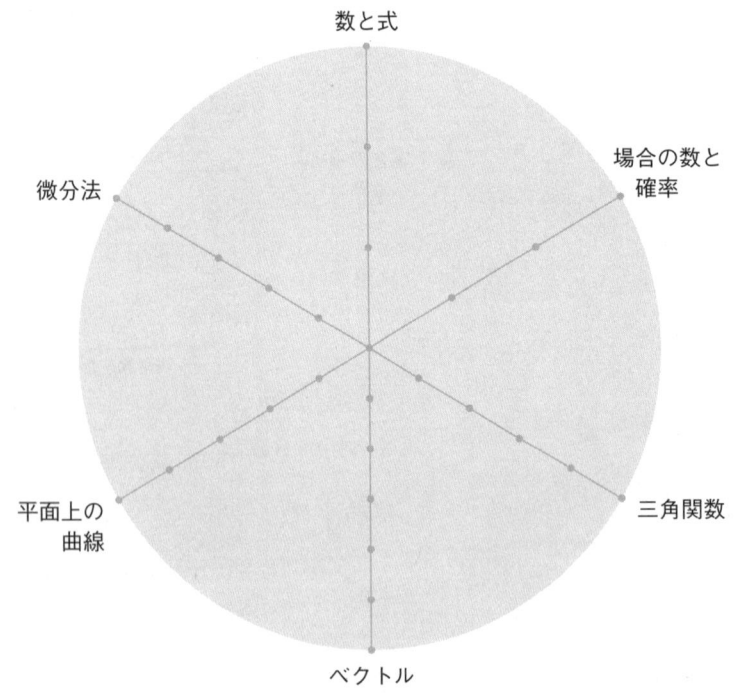

		数と式	
I	問1		／3
I	問2	場合の数と確率	／3
II	問1	三角関数	／5
II	問2	ベクトル	／6
III		平面上の曲線	／5
IV		微分法	／5

第5回

自己分析シート

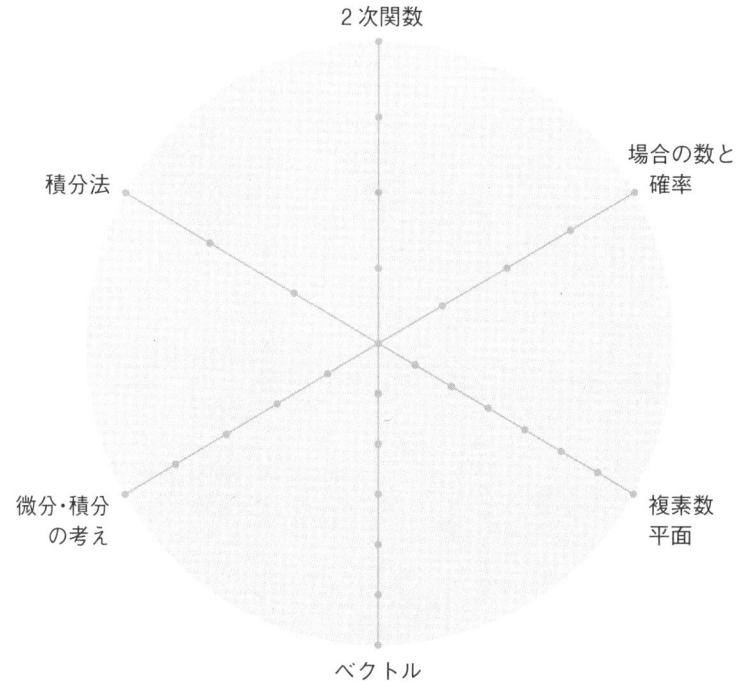

2次関数

場合の数と確率

複素数平面

ベクトル

微分・積分の考え

積分法

I 問1	2次関数	/ 4
I 問2	場合の数と確率	/ 4
II 問1	複素数平面	/ 7
II 問2	ベクトル	/ 6
III	微分・積分の考え	/ 5
IV	積分法	/ 3

第6回

自己分析シート

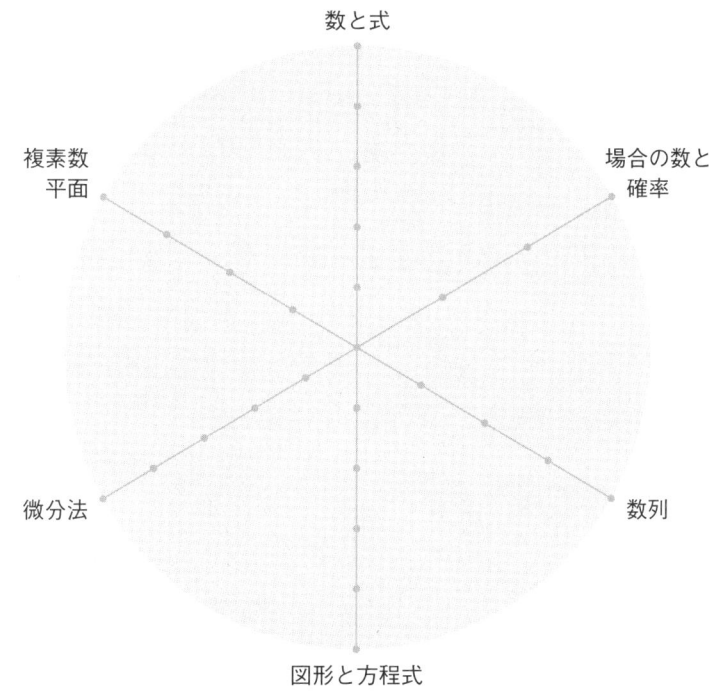

数と式

場合の数と確率

数列

図形と方程式

微分法

複素数平面

I 問1	数と式	/ 5
I 問2	場合の数と確率	/ 3
II 問1	数列	/ 4
II 問2	図形と方程式	/ 5
III	微分法	/ 5
IV	複素数平面	/ 4

第7回

自己分析シート

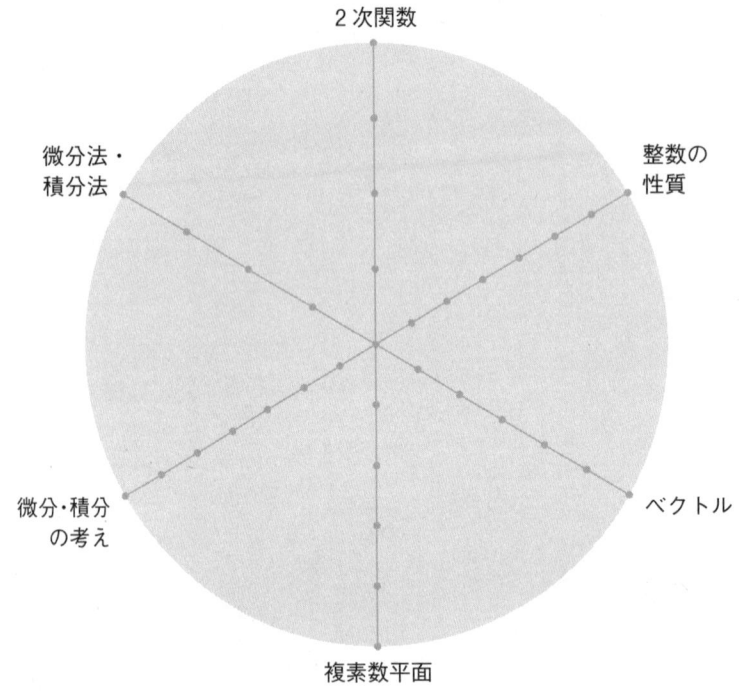

Ⅰ 問1	2次関数		／4
Ⅰ 問2	整数の性質		／7
Ⅱ 問1	ベクトル		／6
Ⅱ 問2	複素数平面		／5
Ⅲ	微分・積分の考え		／7
Ⅳ	微分法・積分法		／4

第8回

自己分析シート

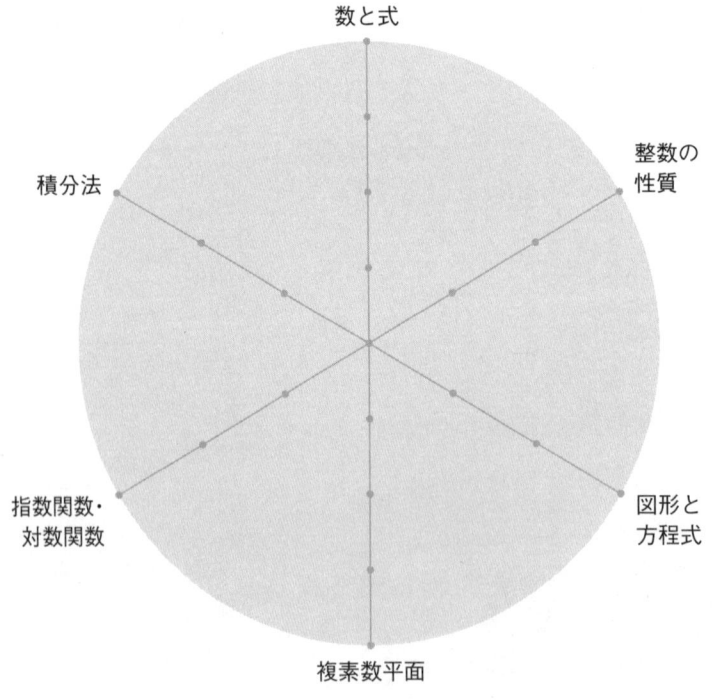

Ⅰ 問1	数と式		／4
Ⅰ 問2	整数の性質		／3
Ⅱ 問1	図形と方程式		／3
Ⅱ 問2	複素数平面		／4
Ⅲ	指数関数・対数関数		／3
Ⅳ	積分法		／3

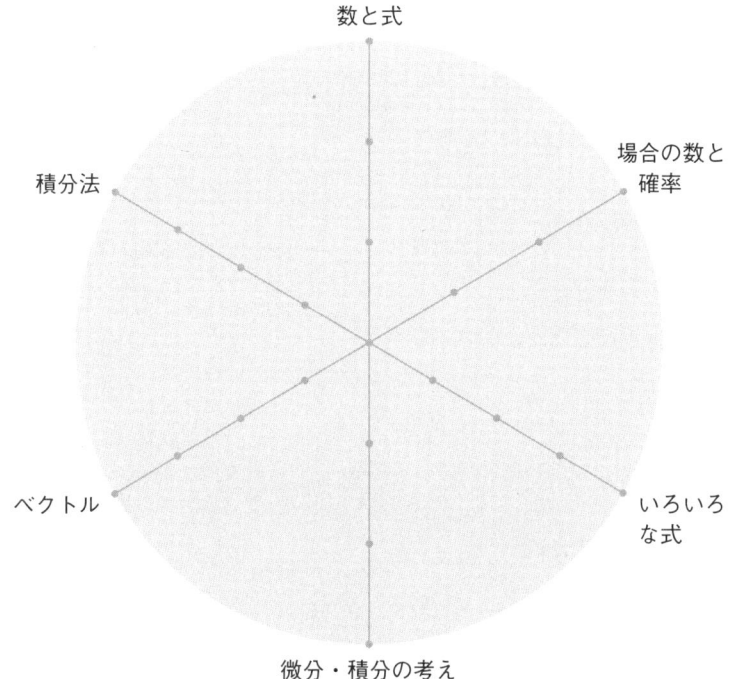

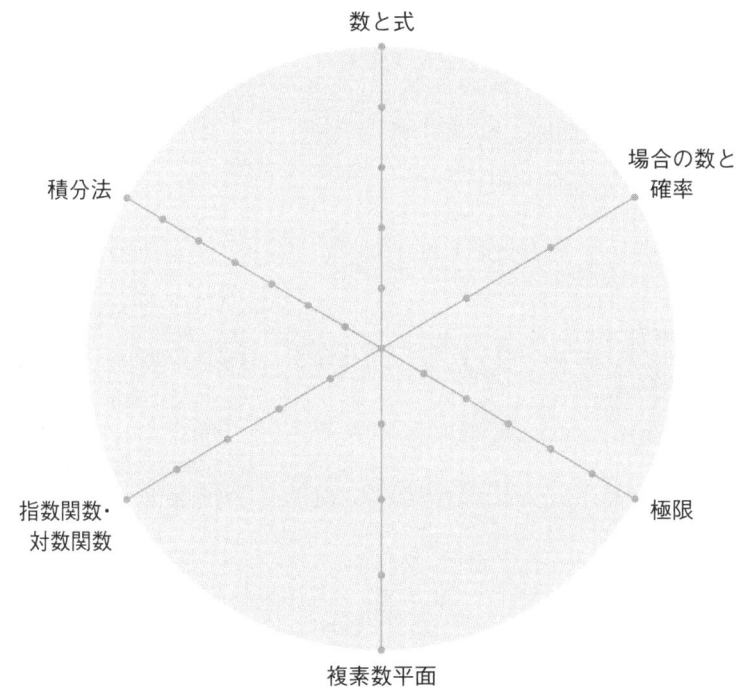

		数と式	
Ⅰ 問1			／3
Ⅰ 問2		場合の数と確率	／3
Ⅱ 問1		いろいろな式	／4
Ⅱ 問2		微分・積分の考え	／3
Ⅲ		ベクトル	／4
Ⅳ		積分法	／4

		数と式	
Ⅰ 問1			／5
Ⅰ 問2		場合の数と確率	／3
Ⅱ 問1		極限	／6
Ⅱ 問2		複素数平面	／4
Ⅲ		指数関数・対数関数	／5
Ⅳ		積分法	／7

自己分析シート（総まとめ）

それぞれの模擬試験の正解数を転記し、正解率を算出しましょう。

回	正解数		問題数		正解率	ランク
第1回		÷	33	×100＝	%	
第2回		÷	32	×100＝	%	
第3回		÷	22	×100＝	%	
第4回		÷	27	×100＝	%	
第5回		÷	29	×100＝	%	
第6回		÷	26	×100＝	%	
第7回		÷	33	×100＝	%	
第8回		÷	20	×100＝	%	
第9回		÷	21	×100＝	%	
第10回		÷	30	×100＝	%	

ランクの付け方

Sランク
正解率が
100％

Aランク
正解率が
90％以上

Bランク…正解率が **80％以上**

Cランク…正解率が **70％以上**

Dランク…正解率が **70％未満**

学習達成表

「自己分析シート（総まとめ）」(p.178) で算出した正解率を下の表に転記し，学習の達成度，成長度をグラフで把握しましょう。

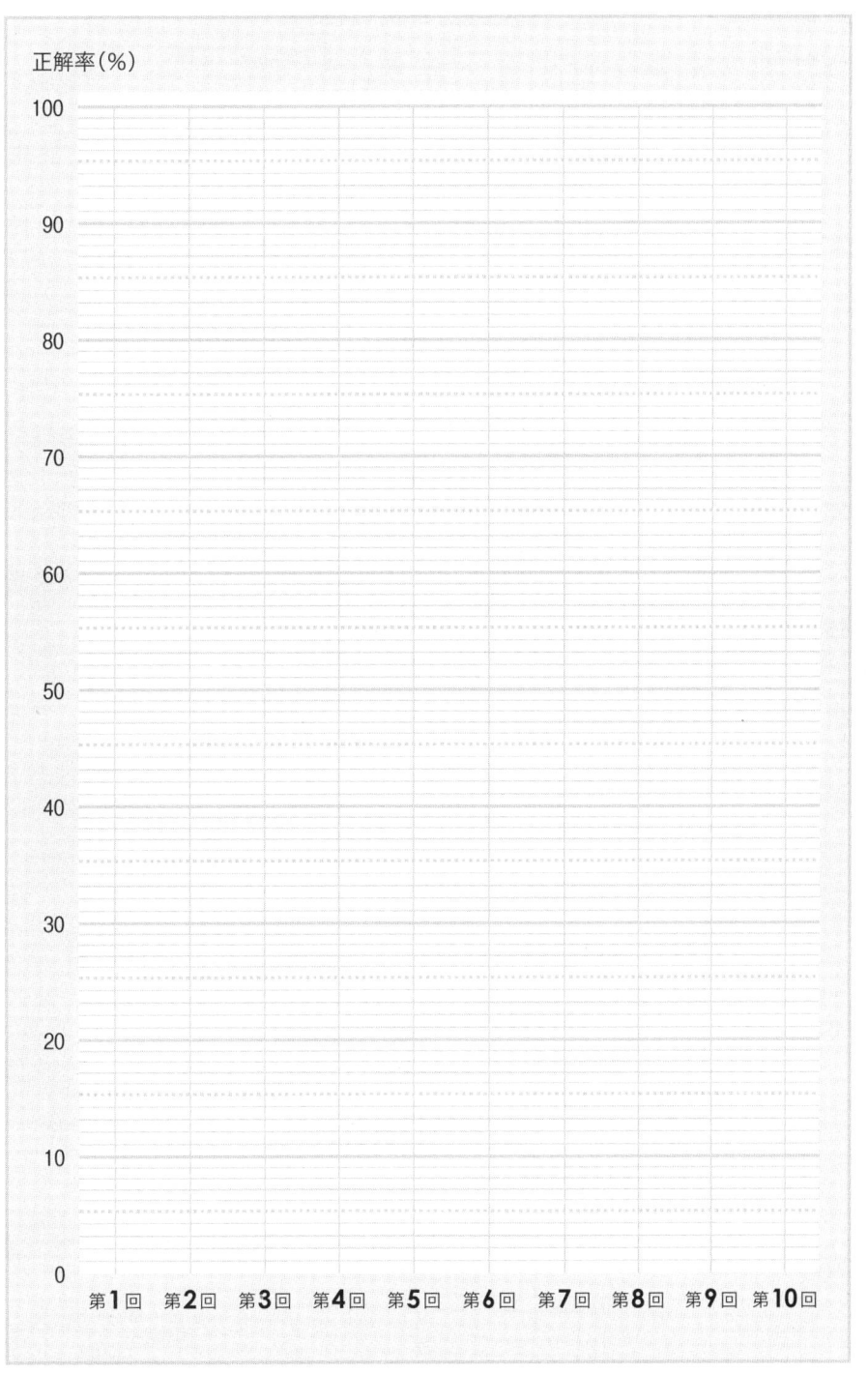

公 式 集

① 三角関数

加法定理

$$\sin(\alpha + \beta) = \sin\alpha\cos\beta + \cos\alpha\sin\beta$$

$$\sin(\alpha - \beta) = \sin\alpha\cos\beta - \cos\alpha\sin\beta$$

$$\cos(\alpha + \beta) = \cos\alpha\cos\beta - \sin\alpha\sin\beta$$

$$\cos(\alpha - \beta) = \cos\alpha\cos\beta + \sin\alpha\sin\beta$$

$$\tan(\alpha + \beta) = \frac{\tan\alpha + \tan\beta}{1 - \tan\alpha\tan\beta}$$

$$\tan(\alpha - \beta) = \frac{\tan\alpha - \tan\beta}{1 + \tan\alpha\tan\beta}$$

2倍角，3倍角

$$\sin 2\alpha = 2\sin\alpha\cos\alpha$$

$$\cos 2\alpha = \cos^2\alpha - \sin^2\alpha$$

$$\cos 2\alpha = 2\cos^2\alpha - 1$$

$$\cos 2\alpha = 1 - 2\sin^2\alpha$$

$$\tan 2\alpha = \frac{2\tan\alpha}{1 - \tan^2\alpha}$$

$$\sin 3\alpha = 3\sin\alpha - 4\sin^3\alpha$$

$$\cos 3\alpha = 4\cos^3\alpha - 3\cos\alpha$$

② 数列の極限

（ⅰ） 初項 a，公比 r とすると，

一般項 $\{a_n\}$ ： $a_n = ar^{n-1}$

和 S_n ： $\begin{cases} S_n = \dfrac{a(1-r^n)}{1-r} & (r \neq 1) \\[2mm] S_n = na & (r = 1) \end{cases}$

（ⅱ） 数列 $\{r^n\}$ の極限

$r > 1$ のとき, $\displaystyle\lim_{n\to\infty} r^n = \infty$

$r = 1$ のとき, $\displaystyle\lim_{n\to\infty} r^n = 1$

$|r| < 1$ のとき, $\displaystyle\lim_{n\to\infty} r^n = 0$

$r \leqq -1$ のとき, $\{r^n\}$ は振動する。

（ⅲ） 無限等比級数 $\quad a + ar + ar^2 + \cdots + ar^{n-1} + \cdots \quad (a \neq 0)$

$\displaystyle\lim_{n\to\infty}\sum_{k=1}^{n} a_k = \sum_{k=1}^{\infty} a_k$ は, $\begin{cases} |r| < 1 & \text{のとき，収束して，その和は,} \dfrac{a}{1-r} \\[2mm] |r| \geqq 1 & \text{のとき，発散する。} \end{cases}$

③ 複素数平面

(ⅰ) 共役な複素数

$$\overline{\alpha + \beta} = \overline{\alpha} + \overline{\beta} \qquad \overline{\alpha - \beta} = \overline{\alpha} - \overline{\beta} \qquad \overline{\alpha\beta} = \overline{\alpha}\,\overline{\beta} \qquad \overline{\left(\dfrac{\alpha}{\beta}\right)} = \dfrac{\overline{\alpha}}{\overline{\beta}}$$

(ⅱ) 複素数の絶対値

$z = a + bi$ のとき, （a, b は実数とする。）

$$|z| = |a + bi| = \sqrt{a^2 + b^2}$$

$$|z| = |-z| = |\overline{z}| \qquad |\alpha\beta| = |\alpha||\beta| \qquad \left|\dfrac{\alpha}{\beta}\right| = \dfrac{|\alpha|}{|\beta|}$$

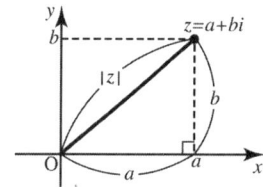

(ⅲ) 極形式

$z \ne 0$ のとき, $z = a + bi = r(\cos\theta + i\sin\theta)$

ここで, $r = |z| = \sqrt{a^2 + b^2}$

$$\cos\theta = \dfrac{a}{r}, \sin\theta = \dfrac{b}{r}$$

(ⅳ) 積・商の極形式

$z_1 = r_1(\cos\theta_1 + i\sin\theta_1)$, $z_2 = r_2(\cos\theta_2 + i\sin\theta_2)$ のとき

積 $\quad z_1 z_2 = r_1 r_2 \{\cos(\theta_1 + \theta_2) + i\sin(\theta_1 + \theta_2)\}$

$$|z_1 z_2| = |z_1||z_2| = r_1 r_2 \qquad \arg z_1 z_2 = \arg z_1 + \arg z_2$$

商 $\quad \dfrac{z_1}{z_2} = \dfrac{r_1}{r_2}\{\cos(\theta_1 - \theta_2) + i\sin(\theta_1 - \theta_2)\}$

$$\left|\dfrac{z_1}{z_2}\right| = \dfrac{|z_1|}{|z_2|} = \dfrac{r_1}{r_2} \qquad \arg\dfrac{z_1}{z_2} = \arg z_1 - \arg z_2$$

(ⅴ) ド・モアブルの定理

n が整数のとき,

$$(\cos\theta + i\sin\theta)^n = \cos n\theta + i\sin n\theta$$

(ⅵ) 回転

点 β を点 α のまわりに θ だけ回転した点を γ とすると

$$\gamma - \alpha = (\cos\theta + i\sin\theta)(\beta - \alpha)$$

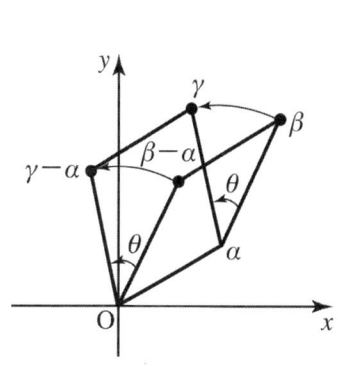

④ 微分法

（ⅰ） 微分法の公式

$$\{f(x)g(x)\}' = f'(x)g(x) + f(x)g'(x) \qquad \left\{\frac{f(x)}{g(x)}\right\}' = \frac{f'(x)g(x) - f(x)g'(x)}{\{g(x)\}^2}$$

（ⅱ） 合成関数と逆関数の微分

・微分可能な関数 $y = f(u)$, $u = g(x)$ の合成関数

$y = f(g(x))$ の導関数は， $\dfrac{dy}{dx} = \dfrac{dy}{du} \cdot \dfrac{du}{dx}$

・微分可能な関数 $y = f(x)$ の逆関数

$y = f^{-1}(x)$ の導関数は， $\dfrac{dy}{dx} = \dfrac{1}{\dfrac{dx}{dy}}$

（ⅲ） 微分公式

$$(\sin x)' = \cos x \quad , \quad (\cos x)' = -\sin x \quad , \quad (\tan x)' = \frac{1}{\cos^2 x}$$

$$(\log x)' = \frac{1}{x} \quad , \quad (\log_a x)' = \frac{1}{x \log a} \quad , \quad (\log|x|)' = \frac{1}{x} \quad , \quad (\log|f(x)|)' = \frac{f'(x)}{f(x)}$$

$$(e^x)' = e^x \quad , \quad (a^x)' = a^x \log a$$

（ⅳ） 曲線 $y = f(x)$ 上の点 (x_1, y_1) における

接線の方程式　　$y - y_1 = f'(x_1)(x - x_1)$

法線の方程式　　$y - y_1 = \dfrac{-1}{f'(x_1)}(x - x_1)$ 　　$f'(x_1) \neq 0$

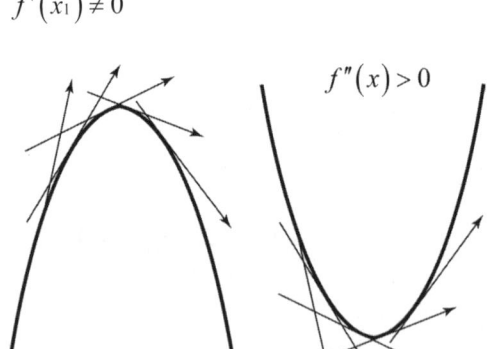

（ⅴ）　$y = f(x)$ のグラフの凹凸

$f''(x) > 0$ となる区間では，下に凸

$f''(x) < 0$ となる区間では，上に凸

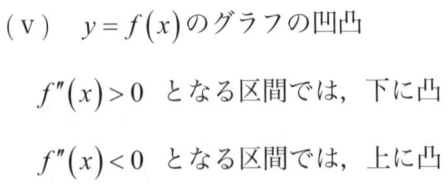

⑤　積分法

（ⅰ）　積分公式　　C は積分定数

$$\int \frac{1}{x}dx = \log|x| + C \qquad \int e^x dx = e^x + C \qquad \int a^x dx = \frac{a^x}{\log a} + C$$

$$\int \sin x dx = -\cos x + C \qquad \int \cos x dx = \sin x + C \qquad \int \frac{1}{\cos^2 x}dx = \tan x + C$$

$$\int \frac{f'(x)}{f(x)}dx = \log\left|f(x)\right| + C$$

（ⅱ）　部分積分法

$$\int f(x)g'(x)dx = f(x)g(x) - \int f'(x)g(x)dx$$

（ⅲ）　区分求積法

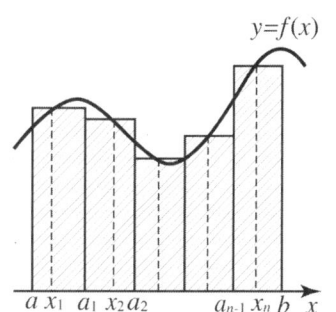

$$\int_a^b f(x)dx = \lim_{n\to\infty}\sum_{i=1}^{n} f(x_i)h \qquad \left(h = \frac{b-a}{n}\right)$$

$$\int_0^1 f(x)dx = \lim_{n\to\infty}\frac{1}{n}\left\{f\left(\frac{1}{n}\right) + f\left(\frac{2}{n}\right) + f\left(\frac{3}{n}\right) + \cdots + f\left(\frac{n}{n}\right)\right\}$$

（ⅳ）　回転体の体積

$a < b$ のとき，

$$V = \pi\int_a^b y^2 dx = \pi\int_a^b \left\{f(x)\right\}^2 dx$$

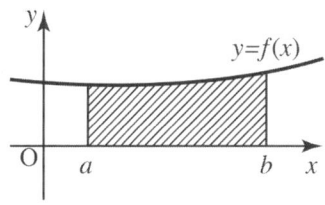
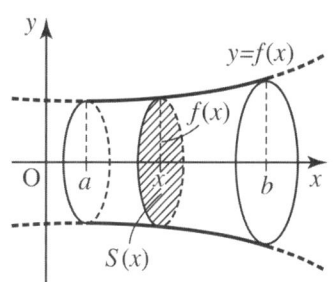

（ⅴ）　曲線の長さ

・$x = f(t)$，$y = g(t)$ $(t_1 \leqq t \leqq t_2)$ のとき，

$$L = \int_{t_1}^{t_2} \sqrt{\left(\frac{dx}{dt}\right)^2 + \left(\frac{dy}{dt}\right)^2}\, dt$$

・$y = f(x)$ $(a < b)$ のとき，

$$L = \int_a^b \sqrt{1 + \left\{f'(x)\right\}^2}\, dx$$

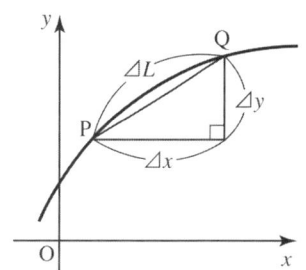

[表]

数学 解答用紙

受験番号

名前

解答コース	
コース1	コース2
◯	◯

← この解答用紙に解答するコースを、1つの◯で囲み、その下のマーク欄をマークしてください。

[マーク例]

良い例	悪い例
●	● ⊗ ◎

鉛筆(HB)でマークしてください。

I

解答記号	解答欄
	−1 0 1 2 3 4 5 6 7 8 9
A	
B	
C	
D	
E	
F	
G	
H	
I	
J	
K	
L	
M	
N	
O	
P	
Q	
R	
S	
T	
U	
V	
W	
X	
Y	
Z	

II

解答記号	解答欄
	−1 0 1 2 3 4 5 6 7 8 9
A	
B	
C	
D	
E	
F	
G	
H	
I	
J	
K	
L	
M	
N	
O	
P	
Q	
R	
S	
T	
U	
V	
W	
X	
Y	
Z	

数　学　解　答　用　紙

III

解答記号	解答欄
	− 0 1 2 3 4 5 6 7 8 9
A	
B	
C	
D	
E	
F	
G	
H	
I	
J	
K	
L	
M	
N	
O	
P	
Q	
R	
S	
T	
U	
V	
W	
X	
Y	
Z	

IV

解答記号	解答欄
	− 0 1 2 3 4 5 6 7 8 9
A	
B	
C	
D	
E	
F	
G	
H	
I	
J	
K	
L	
M	
N	
O	
P	
Q	
R	
S	
T	
U	
V	
W	
X	
Y	
Z	

V

解答記号	解答欄
	− 0 1 2 3 4 5 6 7 8 9
A	
B	
C	
D	
E	
F	
G	
H	
I	
J	
K	
L	
M	
N	
O	
P	
Q	
R	
S	
T	
U	
V	
W	
X	
Y	
Z	

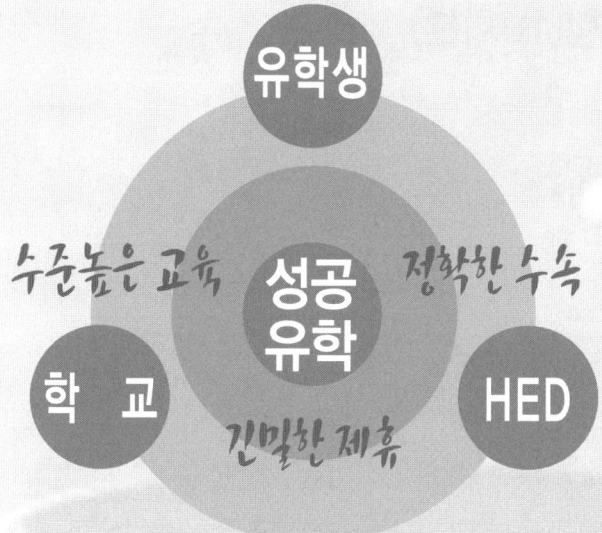
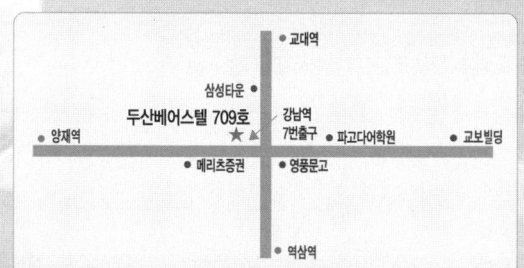

편저

行知学園
COACH ACADEMY

일본유학시험(EJU) 모의시험(10회분)
수학 코스2

발 행 일 :   2017년 11월 3일 초판1쇄

편 저 자 :   코치학원 수학 교재개발팀

펴 낸 이 :   송부영

펴 낸 곳 :   (주)해외교육사업단

등록일자 :   1997년 4월 14일

등록번호 :   제 16-1456

주   소 :   서울시 서초구 강남대로 381

전   화 :   02-736-1010

팩   스 :   02-552-1062

이 메 일 :   song@hed.co.kr

ISBN 979-11-85979-16-8

이 도서의 국립중앙도서관 출판예정도서목록(CIP)은 서지정보유통지원시스템 홈페이지(http://seoji.nl.go.kr)와 국가
자료공동목록시스템(http://www.nl.go.kr/kolisnet)에서 이용하실 수 있습니다.(CIP제어번호: CIP2017028547)